Jornalismo digital

COLEÇÃO COMUNICAÇÃO

Coordenação
Luciana Pinsky

A arte de escrever bem Dad Squarisi e Arlete Salvador
A arte de entrevistar bem Thaís Oyama
A arte de fazer um jornal diário Ricardo Noblat
A mídia e seus truques Nilton Hernandes
Assessoria de imprensa Maristela Mafei
Escrever melhor Dad Squarisi e Arlete Salvador
Hipertexto, hipermídia Pollyana Ferrari (org.)
Jornalismo científico Fabíola de Oliveira
Jornalismo cultural Daniel Piza
Jornalismo de rádio Milton Jung
Jornalismo de revista Marília Scalzo
Jornalismo de TV Luciana Bistane e Luciane Bacellar
Jornalismo digital Pollyana Ferrari
Jornalismo econômico Suely Caldas
Jornalismo esportivo Paulo Vinicius Coelho
Jornalismo internacional João Batista Natali
Jornalismo investigativo Leandro Fortes
Jornalismo literário Felipe Pena
Jornalismo político Franklin Martins
Jornalismo popular Márcia Franz Amaral
Livro-reportagem Eduardo Belo
Manual do foca Thaïs de Mendonça Jorge
Manual do jornalismo esportivo Heródoto Barbeiro e Patrícia Rangel
Os jornais podem desaparecer? Philip Meyer
Os segredos das redações Leandro Fortes
Perfis & entrevistas Daniel Piza
Teoria do jornalismo Felipe Pena

Jornalismo digital

Pollyana Ferrari

Copyright© 2003 Pollyana Ferrari
Todos os direitos desta edição reservados à
Editora Contexto (Editora Pinsky Ltda.)

Diagramação
Denis Fracalossi
Antonio Kehl

Revisão
Vera Lúcia Quintanilha
Mirelle Mie Iano

Projeto de capa
Marcelo Mandruca

Foto de capa
Renato Leary

Montagem de capa
Antonio Kehl
Gustavo S. Vilas Boas

Dados Internacionais de Catalogação na Publicação (CIP)
(Câmara Brasileira do Livro, SP, Brasil)

Ferrari, Pollyana.
Jornalismo digital / Pollyana Ferrari. – 4. ed., 4ª reimpressão. –
São Paulo : Contexto, 2023. – (Coleção comunicação)

Bibliografia.
ISBN 978-85-7244-242-8

1. Internet (Rede de computadores) 2. Jornalismo I. Título

03-2727	CDD-070.449004

Índice para catálogo sistemático:
1. Jornalismo digital 070.449004

2023

Editora Contexto
Diretor editorial: *Jaime Pinsky*

Rua Dr. José Elias, 520 – Alto da Lapa
05083-030 – São Paulo – SP
PABX: (11) 3832 5838
contato@editoracontexto.com.br
www.editoracontexto.com.br

Proibida a reprodução total ou parcial.
Os infratores serão processados na forma da lei.

"Face ao futuro que nos espera, nenhuma referência, nenhuma autoridade, nenhum dogma e nenhuma certeza se mantém. Descobrimos que a realidade é uma criação compartilhada. Estamos todos pensando na mesma rede."

Pierre Lévy

SUMÁRIO

CAPÍTULO I
Diário de bordo
Uma relação orgânica com a rede 9
Pequena história da internet 14
Informação e jornalismo: uma relação estratégica 18

CAPÍTULO II
Internet brasileira
Os barões da mídia 25
Provimento gratuito no Brasil 28
O conceito de portal 29
Portais horizontais e portais verticais 33
Empresas jornalísticas no suporte digital 35

CAPÍTULO III
Jornalista digital
Como escrever notícias para a internet 39
Criação de *hyperlinks* a partir do entendimento do que seja hipermídia 44
Integração das mídias (áudio, vídeo, imagens, animação) 51
Jornalismo especializado, sob medida 55
O caminho da notícia 56

O fechamento que nunca acaba 60
O *design* interativo e orgânico 65
Algumas regras básicas da personalização 65

CAPÍTULO IV
O meio digital
As particularidades do espaço atemporal de trabalho 73
Pronto para a internet 77
Vantagens e desvantagens do meio 78
O abandono das teorias clássicas do jornalismo 83
A narrativa jornalística na sociedade "wiki" 86
Rehab digital 93

CAPÍTULO V
Cases
Terra, fruto da tecnologia 99
A inovadora *Época on-line* 101

GLOSSÁRIO
Entenda o jargão da internet 111

DA ARPANET AO TWITTER 118

BIBLIOGRAFIA 125

CAPÍTULO I

Diário de bordo

UMA RELAÇÃO ORGÂNICA COM A REDE

Depois de anos de trabalho e estudo para concluir um doutorado na USP, de idas e vindas para chegar à correta cronologia da web (apesar de me sentir sempre atrasada porque na internet tudo acontece muito rápido – cada ano vale por sete), resolvi, apoiada em 23 anos como jornalista especializada em tecnologia, fazer um relato solto, quase literário, da minha vivência de internet.

Para quem trabalhou com um microcomputador pessoal movido ao sistema operacional DOS e desde 1990 achava muito intrigante e fascinante trocar conhecimento e informação nas telas em fósforo verde dos BBS (Bulletin Board System) brasileiros, ser apresentada, em 1995, ao ambiente gráfico da internet foi o máximo. Eu, que desde os 18 anos me acostumei a ler Marx, Kant, Maquiavel e achar respostas para as minhas inquietações semióticas nos sociólogos Marcuse e Baudrillard, vi na difusão da internet – uma rede sem chefes ou governos, uma teia viva e sem censura – a grande saída para o mundo pós-Guerra Fria.

Teríamos uma sociedade mais justa, sem fronteiras sociais ou geográficas. A informação poderia ser propagada livremente. Acreditei que, com pouco investimento do governo, muito menos do que se gasta em campanhas políticas, o microcomputador chegaria aos lares, ao correio, às escolas públicas e às favelas, como ocorreu com o advento da TV nos anos 50. E, para uma rápida aceitação de mercado, teria um preço subsidiado para que todos obtivessem acesso à internet e às bibliotecas de informação disponíveis gratuitamente na rede.

Foram 14 anos em que lutei – ainda que tardiamente, já que não tive o prazer de viver nos loucos anos 60 e realmente brigar pela democracia – por um Brasil mais justo. Acreditei romanticamente no jornalismo, mas hoje percebo, como muitos amigos da minha geração, filhos dos anos 80, que viram a ascendência do rock nacional, participaram da passeata pelas Diretas Já, foram aos primeiros shows dos Paralamas do Sucesso e se agarraram à tecnologia como uma aposta de vida, que chegamos a um dilema: o que vai ser da informação sem fronteiras no atual século XXI?

Nós, que vivemos a febre do chat (ver Glossário) – noites em claro conversando com amigos distantes –, o deslumbramento total com a possibilidade de escrever, editar e ver no ar sua matéria em questão de segundos, ficamos boquiabertos com o surgimento de páginas coloridas na web, como também achamos maravilhosa a nova interface do Windows 95, que trazia a opção de janelas – a coisa mais moderna da época. É engraçado relatar tudo isso, porque a grande maioria dos brasileiros entrou na internet em 1999. Essa geração nunca vai saber o que eram as listas de discussão dos BBS nem percebe que no teclado do PC existem até hoje muitos comandos de DOS.

Eu, que comecei escrevendo sobre culinária na extinta revista *Gourmet* (cuja redação dividia espaço físico com a *Dados e Ideias*, ambas publicadas pela *Gazeta Mercantil*) e em seis meses estava mergulhada na redação do também extinto tabloide *Datanews*, percebo como a tecnologia definiu minha vida adulta, como fui apaixonada e, às vezes, enlouquecida pelos bits e bytes. Para entender o que existia por trás da internet gráfica fui aprender HTML (ver Glossário). Por curiosidade, imprimia todos os códigos-fontes das páginas que acessava para ver como os programadores faziam os links, como alinhavam o título à esquerda, inseriam uma tabela, davam espaço entre um texto e outro etc. Não era uma linguagem difícil – até eu, jornalista, consegui aprender e comecei a construir páginas no Bloco de notas do Windows.

Em 1994, consegui meu primeiro endereço eletrônico com amigos que trabalhavam na Escola do Futuro, na USP. No ano seguinte, eu e um sócio montamos a primeira incubadora de sites do mercado brasileiro, a Polipress. Na época, chamávamos de agência de notícias. Precoce, eu sei, por isso o empreendimento acabou não dando certo financeiramente. Se eu tivesse aberto cinco anos depois teria ficado rica.

Mas aprendi muito. Passava madrugadas digitalizando e reduzindo as imagens no software Photoshop, da Adobe – tudo na mão, pixel por pixel, brilho por brilho. Hoje, quando vejo o que faz um Photoshop, que salva automaticamente em formato JPG ou GIF e reduz drasticamente o tamanho da imagem, dá vontade de chorar. Foram muitas noites comendo pizza embrulhada em papel da impressora para conseguir terminar uma página com pouco peso e agradável esteticamente. Nessa época, meu hobby era cultivar o melhor bookmark de endereços gráficos da web; cheguei a ter mais de quinhentos links. No final da década de 1990, revistas como a *.net* – a mais organizada revista de internet que o Brasil já teve – traziam reportagens e matérias sobre o mundo virtual. Os passeios eram enriquecedores, tudo podia ser encontrado na internet.

Quando meu projeto de empresária da internet fracassou, voltei para a redação e novamente escrevi para revistas e jornais, sempre sobre tecnologia. Nessa época eu sentia uma enorme saudade do HotDog, meu editor preferido de HTML, e das noites recortando imagens e escrevendo textos para colocar nos sites dos clientes. Com o jornal eu pagava as minhas contas, mas na Polipress eu podia sonhar. Era o máximo ter um portfólio acessível na rede.

Morei nos Estados Unidos em 1997 e pude perceber a diferença social de ter nascido no Terceiro Mundo. A internet não era mais bonita porque feita por norte-americanos, mas era mais rápida. Com todas as casas cabeadas, não havia o problema da conexão. Meu filho de seis anos frequentava o pré-primário de uma escola pública com um micro conectado à internet para cada aluno. Mais uma vez percebi, como tão bem disse Karl Marx em 1843: "As coisas mais úteis, como o conhecimento, não tem valor de troca." E nós, brasileiros, ainda tínhamos um fosso social enorme para resolver antes de poder desfrutar do conhecimento oferecido na grande rede.

O ano de 1998 foi um marco para mim. Fui chamada para editar o site da revista *Época* e tive o prazer de, com uma equipe mínima, aprender na prática como se faz um site de revista vitorioso. Fomos a primeira revista semanal a colocar sua página na internet com noticiário diário e a primeira revista semanal a fazer o *crossover* de mídias, com a matéria de capa "Leia e Ouça", em 21 de novembro.

Se olhar para trás, percebo que foi por tudo isso que este livro existe. No final dos anos 90 eu acreditava que a informação, disponível na área World Wide Web da internet, poderia derrubar a audiência da televisão e a circulação dos jornais, modificando a própria concepção da notícia, já que podemos ler reportagens tanto no papel quanto na tela do micro ou da TV, graças à versão digital dos jornais e revistas.

O ano de 2000 nasceu com uma efervescência de criatividade. Quantas tardes não passei planejando um mundo sem fronteiras, com meu amado amigo David Drew Zingg... Ele dizia que eu e mais duas amigas éramos "The Girls from Brazil" e que ele veria os nossos nomes em matéria do *The New York Times*. Nesse ano a internet grátis no Brasil também me pegou. Fui chamada para ser diretora de portal e cuidar de todo o conteúdo (ver Glossário) gerado e exposto na home page do iG. De lambuja ganhei o iG Serviços, o primeiro portal de serviços da internet brasileira, e o iG Papo, com sua jornada de dez convidados diários, sete dias por semana. Nunca aprendi tanto sobre jornalismo on-line, hierarquias e investidores. Devo ao iG a mudança de 180 graus na minha vida profissional e a escolha do tema "portal" como objeto de estudo e pesquisas acadêmicas. Respirei, dormi e acordei com essa palavra na cabeça enquanto estive no iG.

Hoje percebo como a prática cotidiana é fundamental na vida de qualquer jornalista. Por mais que a academia forneça o alicerce teórico, é no sufoco do fechamento que nós, jornalistas, aprendemos como fazer jornalismo. E garanto que o sufoco on-line é muito maior do que o da mídia tradicional – TV, jornais, revistas e rádio. Várias vezes ao dia começamos uma pauta do zero e também concluímos histórias inteiras em intervalos de horas ou mesmo minutos.

Você percebe que está imerso no mundo virtual quando, ao dirigir seu carro em direção ao supermercado, ouve pelo rádio a notícia de um acidente com um avião na pista do aeroporto e, imediatamente, estaciona para ligar do celular para o plantonista da redação. Dita a notícia que anotou naquele bloquinho sempre à mão e indica uma visita aos sites de trânsito para verificar se a área foi isolada. Em seguida, pede para pôr a nota no alto da tela, olhar a concorrência e também preparar uns hipertextos sobre acidentes aéreos com o resumo dos mais graves nos últimos anos. Aproveita e solicita ao *designer*, que domina a tecnologia Flash (ver Glossário), para criar um infográfico animado explicando o que aconteceu. E ainda avisa que, se o assunto crescer é só ligar que você vai correndo para a redação.

Imaginem esse tipo de situação todos os dias. Na verdade você jamais se desliga do trabalho, mesmo quando está andando no parque em pleno domingo. É um estado de alerta permanente. É viver "antenado" com tudo, seja dentro do ônibus voltando para casa ou mesmo no chope com os amigos no sábado à noite. Isso é ser repórter web.

PEQUENA HISTÓRIA DA INTERNET

Para entender evolução do jornalismo na internet e todas as suas particularidades é preciso voltar no tempo e compreender a história da internet e a criação de seu ambiente gráfico World Wide Web, um dos fatores propulsores do desenvolvimento da rede, que chegou a 2010 com mais de 175 milhões de linhas de celulares no Brasil, segundo estudo da Agência Nacional de Telecomunicações (Anatel). Em julho de 2009, de acordo com pesquisa Ibope, 36,4 milhões de pessoas eram usuárias da internet no país. O tempo médio de uso também cresceu, atingindo 71 horas e 30 minutos de tempo total, incluindo aplicativos, e de 48 horas e 26 minutos, considerando somente navegação em páginas. O Brasil continua liderando nesse quesito. Nos Estados Unidos (segundo lugar no *ranking*), os usuários passam em média 42 horas e 19 minutos navegando pelas páginas da internet.

A internet foi concebida em 1969, quando o Advanced Research Projects Agency (Arpa – Agência de Pesquisa e Projetos Avançados), uma organização do Departamento de Defesa norte-americano focada na pesquisa de informações para o serviço militar, criou a Arpanet, rede nacional de computadores, que servia para garantir comunicação emergencial caso os Estados Unidos fossem atacados por outro país – principalmente a União Soviética.

Depois de inúmeros testes de conexão entre estados distantes como Dallas e Washington, a Agência de Comunicações e Defesa ganhou, em 1975, o controle da Arpanet. A missão da agência era facilitar a comunicação com o Departamento de Defesa dos Estados Unidos. O tráfico de dados cresceu rapidamente e, entre os novos usuários, havia pesquisadores universitários com trabalhos na área de segurança e defesa. Embora a comunidade acadêmica usasse a rede para transferir arquivos extensos por meio de e-mails, o foco da Arpanet era o serviço de informação militar. Novas redes começaram a surgir, como a Bitnet (Because It's Time Network) e a CSNET (Computer Science Network – Rede de Ciência da Computação), que passaram a oferecer acesso para outras universidades e organizações de pesquisa dentro do país.

Em 1986, a National Science Foundation (NSF – Fundação Nacional de Ciência) fez uma significativa contribuição para a expansão da internet, quando desenvolveu uma rede que conectava pesquisadores de todo o país por meio de grandes centros de informática e computadores. Foi chamada de NSFNET.

Essas redes trafegavam, em seu *backbone* (ver Glossário), dados via computadores, voz (telefonia convencional), fibras ópticas, micro-ondas e links de satélites. Batizadas de *superhighways* (ver Glossário), estas redes conversavam entre si e ofereciam serviços ao governo, à rede acadêmica e aos usuários. A NSFNET continuou se expandindo e, no começo da década de 1990, eram mais de oitenta países interligados.

O cenário do final dos anos 80 era este: muitos computadores conectados, mas principalmente computadores acadêmicos instalados em laboratórios e centros de pesquisa. A internet não tinha a cara amigável que todos conhecem hoje. Era uma interface simples e muito parecida com os menus dos BBS. Mas, enquanto o número de universidades e investimentos aumentava em progressão geométrica, tanto na capacidade dos hardwares, como dos softwares usados nas grandes redes de computadores, outro núcleo de pesquisadores, até bem modesto, criava silenciosamente a World Wide Web (Rede de Abrangência Mundial), baseada em hipertexto e sistemas de recursos para a internet.

Em 1980, Tim Berners-Lee, o inventor da World Wide Web (www), escreveu o Enquire, programa que organizava informações, inclusive as que continham links. Trabalhou durante anos na criação de uma versão demo do programa e somente em 1989 propôs a www. No ano seguinte, teve a colaboração de Robert Cailliau, que estava apresentando o sistema de hipertexto Cern e trabalhando no *browser* (ver Glossário) Samba.

Em 1992, o *designer* e pesquisador Jean François Groff convidou Lee para ser o primeiro aluno do projeto InfoDesign, que implementou significativas inovações de *design*, arquitetura e protocolos. Groff teve importante contribuição na versão original da www, além de ter trabalhado para a nova configuração gráfica que a internet estava adquirindo. Ainda em 1992, o Software Development Group (Grupo de Desenvolvimento de Softwares) do National Center for Supercomputer Applications (NCSA – Centro Nacional de Aplicações para Supercomputadores) criou o College, grupo que reunia pesquisadores e experts ansiosos para explorar as possibilidades da nova World Wide Web.

Rapidamente o grupo encontrou um grande entusiasta, Marc Andreessen, que participava de uma lista de discussão com vários pesquisadores, entre eles justamente Tim Berners-Lee, o inventor da web. Lee estava interessado no Unix e em outras versões de web *browsers*. E Andreessen trabalhava, no final de 1992, como programador do núcleo de Eric Bina, veterano estudioso de Unix nos meios acadêmicos norte-americanos.

O Mosaic, criado por Mark Andreessen, foi o primeiro *browser* pré-Netscape. Em 1993, era a interface essencial para o ambiente gráfico: estável, fácil de instalar e trabalhar com imagens simples em formato gráfico *bitmap* (ver Glossário). Os sites tinham quase sempre fundo cinza, imagens pequenas e poucos links, mas, para os visionários, como Lee e Andreessen, vivíamos o início da internet que conhecemos hoje. O crescimento da www foi rápido e não parou desde então. Em 1996, já existiam 56 milhões de usuários no mundo. Naquele mesmo ano, 95 bilhões de mensagens eletrônicas foram enviadas nos Estados Unidos, em comparação às 83 bilhões de cartas convencionais postadas nos correios, segundo dados da *Computer Industry Almanac*.

Para dar uma dimensão do crescimento da internet, o número de computadores conectados ao redor do mundo pulou de 1,7 milhão em 1993 para vinte milhões em 1997.

Os sites de busca também se interessaram em aprimorar o ambiente gráfico e começaram a pesquisar, junto com a academia, melhores interfaces para suas páginas. O termo "portal", com o significado de "porta de entrada", começou a ser usado em 1997. Nesse ano, sites como o Yahoo! – criado em 1994 a partir de duas cabeças geniais, David Filo e Jerry Yang, ambos oriundos do curso de engenharia elétrica da Universidade de Stanford, na Califórnia – agregaram conteúdo e *stick applications* (ver Glossário) à página de entrada, visualizada pela maioria dos seus usuários pelo *browser* Netscape.

Outros sites de busca passaram a adicionar recursos para manter os usuários em suas páginas, em vez de encaminhá-los para a dispersão da grande rede. Para prender a atenção de internautas ávidos por informação, começaram a preencher o espaço disponível com serviços, chats e muitos outros petiscos.

INFORMAÇÃO E JORNALISMO: UMA RELAÇÃO ESTRATÉGICA

Esta pergunta sempre mexe comigo: será que o leitor digital adquire um conhecimento? Digamos que sim. Mas em que consiste esse conhecimento? Não é um conhecimento real ou adquirido por processo de reflexão; também não consiste na possibilidade de ter qualquer tipo de influência sobre os fatos observados. Resolvi chamá-lo de pseudoconhecimento, absorvido sem qualquer participação efetiva.

A partir de 2001, o conteúdo jornalístico nos portais foi gradualmente reduzido até o ponto de ser fornecido por um grupo restrito de fontes – as mesmas agências de notícias, a mesma empresa de previsão do tempo, a mesma coletiva para o lançamento de um filme, o mesmo programa de TV que se ramifica em subprodutos, dando origem a sites de fofoca, decoração, culinária etc. Com isso, os leitores recebem e absorvem a mesma fonte de informação. O que muda é o "empacotamento" da notícia, embora até mesmo os projetos gráficos sejam parecidos uns com os outros.

Como grandes shopping centers, os sites oferecem diversão, lazer e uma infinidade de serviços. Se fizermos uma analogia com a organização dos corredores dos shoppings, iremos perceber que os portais também estão divididos em grandes âncoras e canais, como nos grandes centros comerciais onde existem as praças de alimentação, as redes varejistas, as alamedas de serviços com sapataria, chaveiro, lavanderia e as lojas genéricas. O consumidor vai ao cinema, faz um lanche e durante o passeio pelos corredores, acaba consumindo algo mais.

Os leitores digitais se comportam de maneira parecida: dão uma olhada nas manchetes, leem o horóscopo, entram em alguma área que chamou a atenção na home page e assim sucessivamente. A informação é absorvida sem grande comprometimento com a realidade. A importância e repercussão de uma manchete da revista *Veja* continua sendo bem maior que a do seu portal preferido.

Percebo, pela prática diária, que as primeiras páginas dos portais brasileiros mudam pouco, verdadeiros filigranas como, por exemplo, colocar texto em negrito ou editar a foto da manchete sob um ângulo inusitado. Não mexem nas cores, nas colunas, na tipologia, no fundo da tela. O que prevalece é a quantidade de informação veiculada. O Terra, por exemplo, ganhou notoriedade e dinamismo em 2001, principalmente durante o atentado terrorista de 11 de setembro aos Estados Unidos, quando colocou na rede um noticiário que continha boas informações e era abastecido minuto a minuto. Não foi preciso mudar a home page para chamar a atenção dos leitores. A fórmula adotada foi veicular mais de trezentas notícias relevantes entre os dias 11 e 12 de setembro de 2001. O grande problema é que, degradado em "informação", o conhecimento não deu sinais de ser economicamente rentável e estimulante. O colapso da Nova Economia faz sentido, portanto. Diferentemente de bens materiais e serviços prestados, a informação on-line não é reproduzível em geração de valor como objeto econômico.

O cenário em que a internet era novidade – e havia guias práticos com milhares de links e dicas para os marinheiros de primeira viagem dispostos a navegar sem destino – tornou-se rapidamente ultrapassado. Os internautas em 2009, segundo pesquisa do Comitê Gestor da Internet no Brasil (CGI.br) – por meio do Ipsos Public Affairs, que ouviu 21 mil e 498 entrevistados em cobertura nacional, sendo 16.854 entrevistas na área urbana e 3.144 entrevistas na área rural, além de 1.500 entrevistas extras –, estão espalhados pelas classes A, B, C e D, principalmente. No item "participação de sites de relacionamento" a pesquisa mostrou crescimento de dois pontos percentuais em relação a 2008; no quesito "atividades desenvolvidas na internet", a opção "comunicação" continua liderando com 90% da preferência de todos os usuários de internet no Brasil, seguidos por 86% que escolheram "lazer" como atividade fim na internet.

Dá para ver que em 2009 a sociedade registrou diversas variações positivas na posse de equipamentos eletrônicos no Brasil. Após quatro anos de queda, o telefone fixo apresenta crescimento de quatro pontos percentuais. Já o telefone celular atinge 78% da população brasileira. A TV por assinatura, por exemplo, passa de 7% para 10% na área urbana e a antena parabólica salta de 20% para 26%. O computador de mesa cresce sete pontos percentuais e alcança 30% da população brasileira, o que mostra uma tendência que já vinha se mantendo no país: a TV por assinatura, apesar da expansão, não decolou, pois as redes sociais e a internet levaram a maior fatia do crescimento do uso da tecnologia no Brasil, onde as classes B e C formam o grupo que sofreram maior impacto nos crescimentos acima citados.

Para entender essa mudança de comportamento em relação ao uso da tecnologia é preciso ter um olhar antropológico para a fase neobarroca em que vivemos. A troca do espaço físico pelo espaço ideal, que muitas vezes pode ser apenas espaço virtual, faz com que a informação seja "divulgada muito mais rapidamente do que antes, de maneira que, se a pesca de atum mata golfinhos ou um suéter é fabricado em condições desumanas em algum lugar perdido do planeta, os agentes econômicos precisam levar isso em consideração, ou vão perder negócios", afirma o cientista político André de Mello e Souza, da PUC-Rio, lembrando que os grupos de ativistas têm hoje muito mais peso do que antes.

Essas redes sociais, entrelaçadas em verdadeiros rizomas hipertextuais estão ajudando na transformação urbana em um século de crescimento exponencial de informação. Para o pensador francês Pierre Lévy, o amadurecimento da inteligência coletiva "passa pela prosperidade econômica, educacional e social, fortalecendo os direitos humanos e a transmissão das heranças culturais – gerando um planeta mais sustentável. Hoje a vida social passa pelo digital. Não dá, por exemplo, para tratar os dentes num dentista virtual, ou cortar o cabelo pela web, mas tudo será armazenado na internet e a computação baseada em *tag* (ver Glossário) vai modificar nosso dia a dia, criando uma inteligência coletiva reflexiva, ou melhor, autorreflexiva". No livro *Cibercultura*, ele expõe dois tipos de navegantes na internet: os que procuram uma informação específica e os que navegam interessados vagamente por um assunto, mas prontos a desviar a qualquer instante para links mais interessantes – sendo estes últimos chamados por ele de navegantes "de pilhagem", o que me faz chegar à conclusão de que esta é a navegação típica dos leitores de portais.

Como satisfazer um leitor que pratica uma navegação de "pilhagem", que no clique seguinte pode transferir a audiência para outro site? Por ser bombardeado diariamente por uma quantidade avassaladora de informações, o internauta não se sente fiel a qualquer veículo digital, nem mesmo ao portal do provedor de acesso que ele assina. No caso dos jornais impressos, ocorre o inverso. A fidelidade do leitor é visível. Quem se habituou à linha editorial mais conservadora de *O Estado de S. Paulo* dificilmente torna-se leitor do *Diário de S. Paulo*, ex-*Diário Popular*. Na internet, contudo, a viagem é lúdica e o apelo visual e textual falam mais alto. Logo, nos deparamos aqui com uma incongruência: se a página tem de ser atrativa e usável o suficiente para reter o leitor, por que os sites não mudam o desenho de suas home pages diariamente?

O que podemos comprovar é que, como disse Pierre Lévy, "quanto mais informações, mais equivocados ficam os leitores. Criamos uma sociedade com uma consciência sem história, sem passado, voltada para a temporalidade da 'inteligência artificial'. Vivemos a sociedade da informação que não informa, apenas absorve grandes quantidades de dados".

Já acreditei que a evolução das cidades ao longo dos séculos – desde a ágora grega, passando pelo surgimento dos feudos, das cidades fabris, e chegando aos conglomerados urbanos atuais – se repetiria nas cidades virtuais. Depois dos grandes centros urbanos, com prédios, moradias, vias expressas e espaços de cultura, poder e produção recortando o espaço da cidade, seria a vez de surgir a cidade digital, formada por infovias e outros recursos da era virtual. Estamos em 2010 e ainda não vi meu sonho se concretizar, mas ainda acredito que o espaço público necessita ser repensado e novamente ocupado para voltar a gerar trocas. Transporte público em abundância, acesso Wi-Fi (ver Glossário) livre para todos, ciclovias, segurança e banda larga irrestrita farão das cidades novamente espaços de convivência, tão desgastados nos dias atuais.

Como se fosse uma anciã nostálgica do passado, tentei desesperadamente concluir que as profecias otimistas do mundo globalizado, feitas pelos grandes pensadores do ciberespaço, como Manuel Castells, Nicholas Negroponte e Alvin Toffler, não sairiam de moda junto com a queda da Nova Economia. Estou convicta, no entanto, de que muitos ensinamentos positivos foram absorvidos pelo mercado e os ruins descartados. Exemplos não faltam para ilustrar: as redes sociais absorveram os conceitos de Castells, como também a nova taxonomia da web descartou a pragmática usabilidade de Jakob Nielsen.

A internet chegou para ficar, não é uma moda passageira e não haverá retrocesso. Jamais os usuários de e-mail voltarão a escrever cartas e deslocar-se até o correio para postá-las. No Brasil, o número de pessoas com acesso à internet em casa ou no trabalho somava 66,3 milhões em novembro de 2009, segundo pesquisa Ibope Nielsen. Nos Estados Unidos, as vendas de revistas em 2009 tiveram uma queda de 12,4% em relação a 2008, segundo a Audit Bureau of Circulations, enquanto a receita publicitária dos anúncios de jornais e revistas que migraram para internet atingiu 5,5 bilhões de dólares durante o terceiro trimestre de 2009.

Os portais horizontais claramente se encaixam nesse modelo de apogeu da internet e foram os reis absolutos da www entre 1998 e 2000. Mas o modelo de grande diversidade de conteúdo, ofertas de produtos e interatividade passou a ser repensado. O que podemos dizer é que sairá vitorioso quem compreender e souber gerir esse processo de mudança, quem for mais inteligente na disseminação de conteúdos informativos e na busca de parcerias para a criação de novas tecnologias e novos produtos. A mídia é nova e está em mutação, por isso o papel do jornalista é fundamental.

Criamos uma sociedade que absorve uma informação sem dor, sem riscos. Uma informação "limpinha", ou seja, que não tem "cheiro", pistas ou histórico – dificilmente nos portais encontramos aspas ou entrevistados defendendo uma opinião na internet. Quando "sobe" para a web, a reportagem já veio escrita, reescrita e "consertada" para aquele padrão de veículo; tudo apresentado em fragmentos, como em um videoclipe da MTV, bonito, jovem, bem-nascido e sem compromisso.

Mesmo sendo "usáveis", ou seja, leves no tempo de *download* (ver Glossário) e razoavelmente organizados a partir de uma navegação (que não foi projetada para a web, mas adaptada dos cadernos dos jornais como Cultura, Economia, Política, Classificados, Esportes etc.), os portais são os maiores contribuintes para a formação desse leitor passivo e acostumado a dar uma olhada em diferentes janelas, mesmo sem se aprofundar em nada.

A maioria dos sites jornalísticos surgiram como meros reprodutores do conteúdo publicado em papel. Apenas numa etapa posterior é que começaram a surgir veículos realmente interativos e personalizados. O pioneiro foi o norte-americano *The Wall Street Journal*, que em março de 1995 lançou o *Personal Journal*, veículo entendido pela mídia como sendo o "primeiro jornal com tiragem de um exemplar." O princípio básico desse jornal era enviar textos personalizados a telas de computadores. A escolha do conteúdo e a sua formatação seriam feitos pelo próprio assinante, conforme suas preferências de leitura – depois de escolher suas áreas de interesse, ele receberia, por meio de uma mensagem eletrônica, um portfólio pessoal com notícias sobre tudo aquilo que escolheu.

CAPÍTULO II

Internet brasileira

OS BARÕES DA MÍDIA

As oligarquias familiares da imprensa brasileira

Diferentemente dos Estados Unidos, onde o surgimento dos portais decorreu da evolução dos sites de busca – que recorreram ao conteúdo como estratégia de retenção do leitor –, no Brasil os sites de conteúdo nasceram dentro das empresas jornalísticas. Alguns deles nem tinham a concepção de portal e evoluíram posteriormente para o modelo.

O primeiro site jornalístico brasileiro foi o do *Jornal do Brasil*, criado em maio de 1995, seguido pela versão eletrônica do jornal *O Globo*. Nessa mesma época, a Agência Estado, agência de notícias do Grupo Estado, também colocou na internet sua página. Para entender o surgimento dos portais brasileiros na segunda metade da década de 90, é necessário olhar um pouco a história da imprensa brasileira, composta por grandes conglomerados de mídia, na maioria oriundos de empresas familiares. Esses mesmos grupos detêm, também, a liderança entre os portais – e por isso são informalmente chamados de "barões da internet brasileira".

Com a chegada da família real portuguesa e a abertura dos portos em 1808, rompeu-se não só o monopólio econômico, mas também o da informação. O rei trouxe a era Gutenberg – com mais de três séculos de atraso – ao Brasil. Enquanto surgiam os primeiros jornais, quase todos de vida efêmera, o país passava por importantes inovações tecnológicas, como a utilização de estradas de ferro (a partir de 1854); do telégrafo (1857); do cabo submarino (1872); e do telefone (1876), além da instalação da primeira agência de notícias em 1874, a Reuter-Havas. Em 1890 o jornal *A Província de São Paulo* passa a se chamar *O Estado de S. Paulo*. No ano de 1892 o jornal informativo do governo intitula-se *Diário Oficial*.

Outro produto que ajudou a transformar e modernizar a imprensa brasileira foi o folhetim. Na segunda metade do século XIX, os jornais começaram a publicar obras literárias em capítulos. *Memórias de um sargento milícias*, por exemplo, foi publicado pelo *Correio Mercantil* entre 27 de junho de 1852 e 31 de julho de 1853.

O final do período monárquico brasileiro foi marcado por uma nova corrente literária que esteve muito presente nos jornais nacionais, o realismo. Com espírito crítico, autores como Machado de Assis, Inglês de Sousa, Aluísio de Azevedo, Júlio Ribeiro e Raul Pompéia retratavam o cotidiano pobre, a escravatura, a necessidade de se instaurar a República e outros aspectos socioeconômicos da época.

O término do século XIX e os primeiros anos da República no Brasil foram muito ricos para o desenvolvimento cultural do país. A comunicação via telégrafo e telefone facilitava os contatos e a divulgação das informações. Experimentos cinematográficos foram realizados com sucesso e a imprensa brasileira viu nascer os seus primeiros empreendimentos de fato capitalistas.

Com o cinema mudo em desenvolvimento e o rádio dando os primeiros sinais de possíveis transmissões de coberturas jornalísticas, começaram a surgir grandes repórteres no cenário nacional. Euclides da Cunha, enviado pelo jornal *O Estado de S. Paulo* para cobrir a Guerra de Canudos, deixou para a posteridade o clássico literário *Os sertões*, em que revelou a situação do homem nordestino, colocado à margem de todo o desenvolvimento da região Sul. Era comum encontrar nos periódicos textos de Monteiro Lobato, Augusto dos Anjos, Graça Aranha, entre outros nomes importantes da literatura nacional.

Após a Segunda Guerra Mundial e todos os altos e baixos da Era Vargas, começaram a surgir conglomerados na imprensa brasileira. A mesma empresa controlava jornais, revistas, rádios e, a partir dos anos 50, também emissoras de televisão. A TV surgiu no país como adaptação do formato do rádio. A história da Rádio Globo S/A (hoje Rede Globo), criada em 1957, confunde-se com a história da evolução da mídia de massa. O primeiro programa da nova emissora foi ao ar em 26 de abril de 1965, quando já havia 600.000 aparelhos receptores no país. Nos anos seguintes, a rede se expandiria com a compra de emissoras e da filiação de outras à TV Globo, canal 4 no Rio de Janeiro.

Um dos produtos que mais cresceram na programação da TV Globo ao longo das décadas foram os telejornais. Os primeiros foram "Teleglobo" e "Ultranotícias". Lançado em 1969, o "Jornal Nacional" logo se tornou o programa de maior sucesso da Globo.

Foram os programas jornalísticos que ajudaram a criar a linguagem televisiva. A Rede Globo sempre apostou em tecnologia, desde os altos investimentos para produção de novelas e programas de auditório até o lançamento do portal Globo.com, em março de 2000.

Empresas tradicionais como as Organizações Globo, o Grupo Estado (detentor do jornal *O Estado de S. Paulo* e *Jornal da Tarde*), o Grupo Folha (do jornal *Folha de S. Paulo*) e a Editora Abril se mantêm como os maiores conglomerados de mídia do país, tanto em audiência quanto em receita com publicidade. Foram eles que deram os primeiros passos na internet brasileira, seguidos pelo *boom* mercadológico de 1999 e 2000, quando todas as atenções se voltaram à Nasdaq (National Association of Securities Dealers Automated Quotation), a bolsa de valores da Nova Economia.

Muitos portais brasileiros atraíram investidores estrangeiros. Projetos como iG, ZipNet, O Site, Cidade Internet e StarMedia contaram com altos investimentos em dinheiro.

De 1997 até o final de 2000, os grandes sites de conteúdo brasileiros, assim como os norte-americanos, miraram sua pontaria na oferta abundante de conteúdo, muito mais voltado ao volume de notícias do que ao aprofundamento da matéria. Se olharmos o cenário a partir do início de 2001, no entanto, percebemos que a internet abandonou o *glamour* de 2000, quando todo proprietário de site imaginava que, com pouco investimento e muita criatividade, ficaria rico e faria com que seu site figurasse como case de sucesso nas revistas especializadas. O mercado passou a preocupar-se mais seriamente com a integração entre conteúdo de qualidade, *design* acessível e viabilidade financeira.

PROVIMENTO GRATUITO NO BRASIL

Internet grátis de olho nas classes C e D

De carona nos bancos Bradesco – primeira empresa a oferecer acesso grátis no Brasil – e Unibanco, o iG aproveitou a discussão que o tema causou na mídia para lançar-se no mercado em janeiro de 2000. A missão da empresa, apresentada na época do lançamento aos acionistas e investidores, era "desenvolver um portal de grande escala, com abrangência nacional e capacidade de atrair o maior número de usuários no menor tempo possível".

O iG já começaria enfrentando concorrentes de grande porte e estabelecidos, como UOL, ZAZ (hoje Terra), StarMedia, AOL, entre outros. O apelo do grátis foi forte, no entanto. Muitos usuários deixaram de pagar seus provedores e optaram pela internet sem custo. Ao final do primeiro mês, o iG tinha quase oitocentos mil usuários cadastrados e uma média próxima a 1,1 milhão de *page views* por dia. Além do afago no bolso dos internautas, o portal contava com uma série de sites de informação, entretenimento e serviços.

O surgimento dos portais gratuitos, aliado à expansão da rede de telefonia fixa, fez o número de internautas dar um salto repentino no Brasil – ao contrário do que aconteceu, por exemplo, nos Estados Unidos, onde a proliferação de empresas de internet foi gradativa e sempre proporcional ao número de usuários. De acordo com a pesquisa realizada pelo Ibope em março de 2000, o número de usuários brasileiros de internet havia crescido 1,2 milhão nos dois primeiros meses do ano. Isso provocou um aumento rápido, também, na oferta de empregos na área – algo que certamente jamais se repetirá nas mesmas proporções.

O CONCEITO DE PORTAL

Para ser chamado de portal, um site precisa reunir certas características. Os jornais *The New York Times* e *USA today* e a rede CNN, para citar exemplos célebres, não aderiram ao modelo portal.

Os portais tentam atrair e manter a atenção do internauta ao apresentar, na página inicial, chamadas para conteúdos díspares, de várias áreas e de várias origens. A solução ajuda a formar "comunidades" de leitores digitais, reunidas em torno de um determinado tema e interessadas no detalhamento da categoria de conteúdo em questão e seus respectivos *hyperlinks* (ver Glossário), que surgem em novas janelas de *browser*.

O conteúdo jornalístico tem sido o principal chamariz dos portais. Pela possibilidade de reunir milhões de pessoas conectadas ao mesmo tempo, os sites do gênero assumiram o comportamento de mídia de massa. A estruturação de um portal exige a organização dos dados e um código visual, tarefas desafiadoras o suficiente para deixar de cabelo em pé qualquer jornalista sem experiência na área. O primeiro passo, fundamental, é conhecer as seções mais comuns nos portais:

- Ferramenta de busca (*search engines*)

Antes de 1996, era muito difícil encontrar qualquer informação na internet se não dispusesse do endereço exato. Com o advento dos sites de busca por palavra-chave, os usuários começaram a "surfar" pelas teias da grande rede e, com isso, cresceu a visitação aos sites. Endereços preciosos para os internautas, as ferramentas de busca ganharam um número gigantesco de usuários e deram origem ao formato portal.

- Comunidades

Conhecer as preferências de consumo e o perfil dos frequentadores ajuda o portal a mensurar o valor do negócio. É preciso oferecer atrativos e assuntos pertinentes à realidade socioeconômica de quem acessa o site.

- Comércio eletrônico (*e-commerce*)

Esta seção se assemelha muito aos shopping centers, que, embora ofereçam vários tipos de produtos, dão maior ênfase a determinadas áreas. Cada portal define o perfil de seu comércio eletrônico conforme as características e desejos da comunidade que atende.

- E-mail gratuito

Um dos primeiros serviços desenvolvidos para manter o usuário fiel ao portal foram os e-mails gratuitos. O pioneiro e mais famoso é o Hotmail, comprado pela Microsoft e que hoje tem um papel de âncora no site MSN. A grande utilidade do e-mail grátis é a possibilidade de acesso por qualquer *browser* e em qualquer lugar do mundo.

- Entretenimento e Esportes

São as duas áreas de maior visitação nos portais. Em esportes, predomina o conceito de global e local: informa-se os resultados das competições internacionais sem esquecer as coberturas regionais. Em entretenimento, os portais abusam de guias de TV a cabo, cinema e teatro, sites de astros de cinema e da TV, sites de "fofocas" e jogos on-line.

- Notícias

Em 1998, os portais norte-americanos passaram a acrescentar noticiário jornalístico às home pages, seja como simples links diretos para os veículos ou por parcerias de conteúdo. O Yahoo! foi o primeiro a acrescentar na barra de navegação a palavra *new,* acesso para um cardápio composto por uma manchete com foto e mais quatro chamadas em formato de hipertexto. Na barra de canais, localizada do lado esquerdo da tela – um menu com links para editorias como Negócios, Mundo, Entretenimento, Esportes, Tecnologia, Ciência e Infantil.

- Previsão do tempo

No início, os sites ofereciam apenas imagens de satélite e temperaturas de determinados locais. Hoje, os portais dão ao internauta, em segundos, a previsão do tempo de boa parte das cidades do planeta, com a probabilidade de mudanças climáticas repentinas.

- Discos Virtuais

Sites que disponibilizam, gratuitamente, um espaço em seus servidores para o usuário armazenar qualquer tipo de dados. Nessas páginas, o internauta passa a contar com um *drive* para manter cópias de seus arquivos, e pode acessá-los via web de qualquer lugar.

- Home pages pessoais

Home page, segundo sua descrição no dicionário *Aurélio*, é a página inicial ou de entrada em um site da web. Geralmente contém uma apresentação geral e um índice, com elos de hipertexto que remetem às principais seções de conteúdo do site, visando facilitar a navegação pelo sistema. Então, o que seria uma home page pessoal? Os portais começaram a oferecer, a partir de 1999, em larga escala, espaço e ferramentas para que o usuário confeccionasse sua própria página, seja para expor fotos da família, hospedar um trabalho escolar ou mesmo colocar seu currículo na rede.

- Jogos on-line

Xadrez, pôquer, quiz (testes de conhecimento que sempre levam a um vencedor e a uma premiação), quebra-cabeças, caça-palavras, simuladores de voo, jogos infantis, educativos, testes de conhecimento ou mesmo de cultura inútil – é possível encontrar de tudo nas áreas de jogos dos portais. O que muda de um para o outro é a sofisticação do jogo, a resolução de tela e a interatividade, já que o grande atrativo dos canais de jogos é oferecer tempo real para o usuário. As áreas de entretenimento on-line são como os chats, grandes geradores de *page views*.

• Mapas
Mapas de ruas, cidades, estradas, tráfego aéreo, enfim tudo o que o usuário imaginar em matéria de mapas está na rede. A sofisticação deste serviço permite, por exemplo, escolher o melhor caminho entre dois pontos, levando em conta fatores momentâneos como a interrupção do tráfego em uma determinada rua.

• Cotações financeiras
Dólar, ouro, papéis, acompanhamento das principais bolsas de valores do mundo, todos esses índices já estão disponíveis on-line para o usuário. Portais verticais focados no mercado financeiro transformam suas home pages em verdadeiras antessalas dos pregões internacionais, com noticiário, bastidores, especulações e todo o tipo de conteúdo pertinente ao assunto.

• Canais
De conteúdo original ou terceirizado, os canais num portal servem para ajudar o usuário a navegar e demarcam os assuntos estratégicos para a solidez do portal como negócio.

PORTAIS HORIZONTAIS E PORTAIS VERTICAIS

Os portais verticais nasceram em 1999, em busca do usuário interessado em conteúdo e serviços personalizados como, por exemplo, a livraria virtual. "Os indivíduos têm maior chance de voltar a um portal quando o endereço eletrônico passa a sensação de conforto; quando faz o usuário sentir-se parte de uma comunidade", diz o estudioso do tema Steve Outing.

Para Outing, os portais verticais são a melhor alternativa estratégica para que as empresas de mídia enfrentem os grandes sites horizontais, donos dos maiores volumes de tráfego e de boa parte do dinheiro dos investidores. O conceito de portal vertical abre espaço, por exemplo, para redes de TV que queiram criar portais especializados em televisão.

Eis um caso ilustrativo: imagine que uma empresa dominante do setor de notícias no Amazonas decida criar o Amazonas Sports, portal com o objetivo de ser a primeira parada na web para os fãs do esporte regional. Lá, o internauta poderá mandar um e-mail para o vencedor da categoria de pesca no rio Amazonas, conhecer a história de um pugilista local, comprar a camisa oficial dos principais times de futebol do estado e participar de uma enquete sobre a necessidade de ampliar o principal estádio da capital. Outro ponto forte desse portal seria a ferramenta de busca por tópicos ou por palavra-chave, fundamental para criar fidelização. Além disso, seria preciso manter um clipping atualizado das principais matérias sobre esportes em todas as grandes publicações existentes na região, incluindo jornais, revistas e sites.

O tripé desse portal de esportes seria composto de um guia sobre tudo o que se relaciona a esportes no estado; conteúdo especializado no assunto, mesmo que originário de uma empresa terceirizada; e boas relações com empresas "concorrentes", assegurando a elas uma posição de destaque no portal como parte do acordo.

Organizações noticiosas que têm domínio sobre os mercados locais de informação estarão na melhor posição para aproveitar as oportunidades oferecidas pelo conceito de portal vertical. Basta abandonar a rotina e passar a enxergar a internet como um negócio.

Focados em um assunto específico – ou um conjunto de assuntos para uma comunidade de interesses comuns –, os portais verticais representam o perfeito casamento entre comunidade e conteúdo, uma vez que permitem personalização e interatividade com o usuário. Apresentam audiência segmentada, com tráfego constante e dirigido. Conseguem a fidelidade do usuário por meio de serviços personalizados, como por exemplo a busca interna, para localização de informações publicadas dentro daquele endereço. A receita publicitária vem de patrocinadores igualmente segmentados, interessados em atingir em cheio justamente aquele público-alvo.

EMPRESAS JORNALÍSTICAS NO SUPORTE DIGITAL

Nova roupagem para a mídia de massa

Por mais de 50 anos, a TV tradicional reinou absoluta como sinônimo de mídia de massa. Os telespectadores consumiam passivamente os programas exibidos. Não havia troca, como hoje acontece em programas como o "Big Brother", da TV Globo, em que o final é decidido pelos telespectadores.

O potencial da nova mídia tornou-se um instrumento essencial para o jornalismo contemporâneo e, por ser tão gigantesco, está começando a moldar produtos editoriais interativos com qualidades atraentes para o público: custo zero, grande abrangência de temas e personalização.

A informação não cabe mais nesse molde histórico e aponta para algo novo, não é mais a transmissão de conteúdos que está em jogo, mas a definição de formas de transmitir. Para quem leu *Cem anos de solidão* não há como não lembrar a situação absurda em que os habitantes de Macondo encontraram-se ao sair da doença do esquecimento, com mensagens escritas em cima de uma vaca: "esta é uma vaca".

Em 1997, a estratégia desses grandes sites de busca era reunir um volumoso número de visitantes acessando o endereço por um longo período de tempo. E, para tanto, começaram a agregar informações e serviços adicionais aos *hyperlinks* das ferramentas de busca. Mas não foram só os sites de busca que aderiram ao modelo de "incremento" de utilidades por aumento de tráfego.

Em 1998, as redes de televisão norte-americanas ABC e NBC investiram em empresas de internet, e começaram a atrair os internautas para suas páginas. Logo depois, ainda no exercício fiscal de 1998, transformaram esses braços em empresas independentes e, no ano seguinte, abriram o capital em Wall Street. Os jornais vieram na sequência. *The Boston Globe* entrou no modelo portal com apostas no comércio eletrônico e no segmento de leilões virtuais. Outro que entrou na onda dos portais com planos audaciosos foi o *The Washington Post*, que passou a oferecer guias de compras locais, ferramentas de finanças pessoais, e-mail grátis, serviços personalizados de agendas etc.

No início da vida útil dos portais os usuários consideravam o modelo um tanto poluído na internet. Os internautas iam a um portal como o Yahoo! para ler e-mail, ver datas em calendários, conversar um pouco nas salas de chat ou para montar um álbum de fotos. Já em 1998, os portais, pelo fato de terem um público segmentado, começaram a providenciar conteúdo noticioso, oferecer oportunidades de *e-commerce* e a realização de pequenos negócios.

A partir de 1999 aconteceu uma avalanche de sites com a característica de agregação de serviços e outras utilidades informativas. A fusão Yahoo-GeoCities possibilitou meios adicionais de personalizar sua navegação na web e, ao mesmo tempo, novos serviços de comunicação e personalização a seus milhões de usuários. Uma ação similar, ocorrida no Brasil, foi a compra do hpG pelo portal iG, que agregou *page views* e conquistou a liderança em páginas acessadas no final de 2001.

CAPÍTULO III

Jornalista digital

COMO ESCREVER NOTÍCIAS PARA A INTERNET

"Conteúdo" tornou-se a palavra da moda nos tempos da proliferação de sites. E não foi à toa: é em busca de conteúdo – mais até mesmo do que de serviços – que as pessoas acessam a maioria dos sites.

Os elementos que compõem o conteúdo on-line vão muito além dos tradicionalmente utilizados na cobertura impressa – textos, fotos e gráficos. Pode-se adicionar sequências de vídeo, áudio e ilustrações animadas. Até mesmo o texto deixou de ser definitivo – um e-mail com comentários sobre determinada matéria pode trazer novas informações ou um novo ponto de vista, tornando-se, assim, parte da cobertura jornalística. E acessar um conteúdo não é necessariamente a leitura de uma notícia, já que engloba textos que trafegam pelas comunidades no Facebook, mensagens enviadas nos fóruns, resenhas de livros e discos e colunas. Enfim, o conteúdo não está apenas na área de notícias dos portais, mas sim espalhado em blogs, sites de relacionamento, redes sócias de música como, por exemplo, a Last.fm, entre outros.

Os desafios do jornalismo digital estão relacionados à necessidade de preparar as redações, como um todo, e aos jornalistas em particular, para conhecer e lidar com essas transformações sociais. Além da necessidade de trabalhar com vários tipos de mídia, o jornalismo multimídia precisa desenvolver no repórter uma visão multidisciplinar, com noções comerciais e de marketing. Para se ter uma ideia dessa mudança do fazer jornalístico, o portal G1 prepara o repórter para ir à rua com um *notebook*, um *modem wireless* para acesso à banda larga, uma máquina fotográfica digital, um gravador de áudio digital e um radiocomunicador.

A prioridade do repórter é capturar boas imagens do fato, para que o internauta tenha uma melhor visualização da notícia. A notícia é digitada, na maioria das vezes, no táxi durante o caminho de volta para a redação, ou mesmo atualizada do local por telefone para um jornalista que está na redação do G1, dependendo do que o tráfego de cliques demonstrar. Isso mesmo, o jornalista acompanha a audiência da sua matéria em tempo real e dependendo do interesse do leitor, muda a chamada ou destaque. Ou seja, jornalismo multimídia pressupõe domínios de vários apetrechos tecnológicos, olhar de editor de fotografia e uma agilidade impensável nos veículos impressos.

"Os novos desafios do jornalismo hoje estão calcados primeiramente na digitalização e 'multimidialização' das notícias e na necessidade de dar treinamento às redações, como um todo, e aos jornalistas em particular, para que eles possam dar conta dessas transformações", nos ensina o pesquisador Jesus Martin Barbero.

A disciplina "Jornalismo on-line" iniciou o século XXI presente em todos os cursos de Comunicação do país. Algumas universidades passaram a oferecer também a especialização. O curso da Estácio de Sá, do Rio de Janeiro, por exemplo, visa "ensinar os alunos a criar textos para as novas mídias, desenvolver e avaliar páginas da web, encontrar e organizar a informação, explorar as novas tecnologias, os aspectos legais, comerciais e reguladores analisando seu impacto nas áreas cultural e comercial", o que vem reforçar a necessidade de especialização acadêmica na área – tudo para conseguir abastecer o mercado com profissionais capacitados para entender e atuar no jornalismo digital.

John Battelle, cofundador da revista *Wired*, torna-se tutor da disciplina "Blogs", criada em 2002 na faculdade de Jornalismo da Universidade de Berkeley, na Califórnia. Em 2009, a Universidade DePaul, em Chicago, insere o Twitter na grade do mesmo curso. Ainda em 2009, na puc-sp, a disciplina "Jornalismo on-line" passa também a trabalhar com o Twitter para coberturas jornalísticas usando a rede social, ao mesmo tempo que os alunos remetem links para o blog coletivo da disciplina.

Para companhias com origem na empresa jornalística, fica bem mais fácil trabalhar o conteúdo para a web, já que todas as etapas percorridas pela notícia até o momento final – quando ela sai publicada e é lida pelo leitor – são conhecidas pelos jornalistas. Profissionais que trabalham com a transposição das mídias, ou seja, traduzem as notícias da linguagem impressa para a web, em sites de jornais e revistas, são classificados como jornalistas on-line.

Já o jornalismo digital, por sua vez, compreende todos os noticiários, sites e produtos que nasceram diretamente na web. O *Último Segundo*, jornal digital do iG, primeiro jornal a ser elaborado diretamente na rede no Brasil, ilustra bem o assunto. Hospedados na maioria das vezes dentro de portais horizontais, os jornais digitais se beneficiam da home page.

No caso específico de revistas, o processo de virtualização do jornalismo seguiu um roteiro parecido, sejam nas revistas semanais nacionais ou nas norte-americanas. A revista semanal *Newsweek*, por exemplo, publicada pela primeira vez em 17 de fevereiro de 1933, surgiu com a proposta de oferecer semanalmente um resumo dos fatos mais importantes ocorridos no mundo. "A trajetória on-line da publicação teve início em 1993, com a iniciativa de comercializar, pela primeira vez por parte de uma revista de grande circulação, assinaturas de conteúdo jornalístico inserido em CD-ROMs. A primeira versão da revista para web surgiu em 1994, com hospedagem no extinto servidor Prodigy, e migrou para AOL (América on-line) em 1996. Dois anos depois a marca Newsweek.com foi lançada na internet. Em maio de 2009 a empresa admitiu que passava por um aperto financeiro e reformulou sua proposta digital", levantou Taís Laporta durante especialização em Jornalismo na PUC-SP, onde publicou a monografia *A revista na internet*: um estudo de caso sobre a Newsweek.com e sua presença nas redes sociais.

O editorial publicado por Deveny na *Newsweek* de 18 de maio de 2009 dizia: "algumas dessas mudanças surgem de tudo o que aprendemos a partir de uma extensa pesquisa de marketing [...] Não faremos mais coberturas reflexivas sobre fatos da semana se não houver algo novo a acrescentar [...] As mudanças que os leitores não verão serão ainda mais profundas [...] Abriremos mão de nossa garantia de circulação de 2,6 milhões para 1,5 milhão até janeiro de 2010. Focaremos numa audiência menor, mais devota e ligeiramente mais próspera. Com o tempo aumentaremos os preços".

A Newsweek.com começou a estabelecer links, nos destaques em sua própria home page, com matérias jornalísticas de outros websites e também a marcar presença nas redes sociais como forma de fidelizar a marca impressa.

Os veículos cem por cento digitais são obrigados a ter todos os departamentos de uma redação: fotografia, editorias, produção net (similar à produção gráfica), financeiro, arte, entre outros. Têm a responsabilidade de assegurar a sobrevivência sem o respaldo do "produto mãe".

Outra definição que ganha força nas redações é o ciberjornalismo. Criar e manter um blog (ver Glossário), mediar comunidades, escrever em um fórum, enfim, todas as tarefas que envolvem a criação de textos para os produtos do meio podem ser chamadas de ciberjornalismo. O cenário mais apropriado para descrever um ciberjornalista é registrar o seu dia dentro de uma redação web.

O jornalista "surfador" costuma ser jovem, frequenta os primeiros anos de um curso de jornalismo e foi contratado, como estagiário, para manter uma comunidade, rastrear o que se fala do veículo no Twitter (os *tweets* mais interessantes), responder os e-mails da redação; sem contar o domínio do HTML básico – limitado a tarefas como inclusão de links, títulos, textos, fotos e âncoras no código –, que produz nos picos de fechamento. Seu dia começa quando ele chega ao trabalho, liga o micro, abre o MSN, coloca o fone de ouvido, escolhe a trilha sonora na lista de mp3 do celular, começa a navegar pela web, minimiza o *browser*, reedita o *release* com a biografia do convidado do bate-papo no Ning (ver Glossário), trata a foto no Photoshop. E faz tudo isso conversando no celular.

Quem é capaz de mexer em várias mídias ao mesmo tempo e, além disso, escreve corretamente e em português culto, tem grandes chances de tornar-se um ciberjornalista. Para quem cresceu com a interface gráfica do Windows, fez tarefa escolar escutando música no fone de ouvido ao mesmo tempo que "zapeava" a TV sem som, ser ciber não é difícil. A dificuldade está em você conseguir saltar de surfador para repórter e depois editor. Não basta ser multitarefa e esperto com a tecnologia presente na web: é preciso ter *background* cultural para conseguir contextualizar a informação e empacotá-la de um jeito diferente a cada necessidade editorial.

CRIAÇÃO DE *HYPERLINKS* A PARTIR DO ENTENDIMENTO DO QUE SEJA HIPERMÍDIA

O admirável mundo da leitura não linear

Um bloco de diferentes informações digitais interconectadas é um hipertexto, que, ao utilizar nós ou elos associativos (os chamados links) consegue moldar a rede hipertextual, permitindo que o leitor decida e avance sua leitura do modo que quiser, sem ser obrigado a seguir uma ordem linear. Na internet não nos comportamos como se estivéssemos lendo um livro, com começo, meio e fim. Saltamos de um lugar para outro – seja na mesma página, em páginas diferentes, línguas distintas, países distantes etc.

Desde o final da década de 1980 vivenciamos a popularização da palavra multimídia, tecnologia que engloba som, imagem e movimento e que ficou muito conhecida pelos CD-ROMs, capazes de reunir enciclopédias inteiras em um único disco óptico. Com a descoberta da rede hipertextual, criou-se a hipermídia (ver Glossário), uma tecnologia que foi beber nas ciências cognitivas e na multimídia, proporcionando ao leitor a possibilidade de ler um aplicativo na ordem que desejar, já que engloba hipertextos e recursos multimídia.

Para o pai do hipertexto, Ted Nelson, o conceito de texto elástico (*stretch text*), aquele que se expande e se contrai conforme as solicitações do leitor, faz com que o internauta assuma o comando da ação, trocando filmes, vídeos, diálogos, textos, imagens como se estivesse numa grande biblioteca digital.

> O conceito de autoria é bastante complicado quando se fala em hipermídia. Em geral, na elaboração de um aplicativo CD-ROM costumam trabalhar equipes numerosas. Além disso, na hipermídia mais vivaz, a que se realiza em redes como a internet, tem um exemplo em que o termo "autoria" só pode ser utilizado com respeito a sites específicos. Vale lembrar que na web, em cada nó da rede, estamos conectados com um ponto desenvolvido por uma equipe, e podemos no instante seguinte estar em outro ponto desenvolvido por uma outra equipe e assim consecutivamente. Alguns pensadores já chegam a afirmar que a hipermídia representa o fim da era da autoria individual. George Landow, por exemplo, fala da reconfiguração do autor, que agora sofre uma erosão do self com a transferência do poder autoral para o leitor, que tem à sua disposição uma série de opções de escolha em seu percurso.
>
> (Lúcia Leão, 1999: 42)

Tornando-se um escritor enquanto lê, todo leitor web consegue reconfigurar a informação de acordo com suas preferências e hábitos de leitura. Na internet é possível saber onde o leitor clica, algo impensável na mídia impressa. Resta aprofundar esse tipo de análise para descobrir o porquê de determinado clique. Como saber se foi a foto da coluna da esquerda que chamou mais a atenção do leitor e por isso ele mudou de link?

A produção de notícias

No caso específico do dia a dia das redações on-line, a produção de reportagens deixou de ser um item do exercício do jornalismo. Adotou-se apenas a produção de notícias, ou, como se diz no jargão jornalístico, de "empacotamento" da notícia. Empacotar significa receber um material produzido, na maioria das vezes, por uma agência de notícias conveniada, e mudar o título, a abertura; transformar alguns parágrafos da notícia em outra matéria para ser usada como link correlato, adicionar foto ou vídeo, e por aí afora.

As funções de editor se misturam com a de "empacotador", que ainda nem foi reconhecida pelos manuais de estilo em jornalismo. Na verdade, porém, o "empacotador" acaba tendo uma função de codificador, capaz de traduzir uma matéria para uma linguagem aceita na web. Como já mencionado anteriormente, essa área é muito nova, e faltam profissionais no mercado que tenham aprendido na academia como criar *hyperlinks*, como melhor "empacotar" um texto etc.

É uma espécie de ressurgimento da função de copidesque, cargo comum nos jornais de antigamente, ocupado por jornalistas com profundo conhecimento da língua portuguesa e domínio dos recursos da redação expositiva. Eles tinham a tarefa de tornar mais claro e elegante o texto do repórter antes que chegasse às mãos do editor. Ao trabalhar em cima do texto alheio, o jornalista da internet não deixa de ser um copidesque.

Embora o caminho mais prático e barato seja o de "empacotar" textos prontos, muitos especialistas defendem a importância do conteúdo digital. O site Poynter.org oferece material precioso para o jornalista que pretende trabalhar na área, com ótimas referências bibliográficas e manuais de estilo para serem seguidos no jornalismo on-line, que não pode ser definido apenas como o trabalho de produzir ou colocar conteúdo na internet. É preciso pensar na enquete (pesquisa de opinião com o leitor), no Twitter do veículo, na grade de conteúdo atualizada diariamente nos links do Facebook, nos vídeos publicados no YouTube e se possível saber contextualizar e elencar todos os assuntos e serviços correlatos à reportagem.

Achar nos livros o labirinto das relações humanas é um passatempo que tenho. Jorge Luis Borges e Italo Calvino, na minha opinião, são os grandes mestres do mapeamento da sociedade informacional. Sempre digo aos meus colegas e alunos que ter feito História na graduação foi fundamental. Nada mais atual no mundo web do que o Mito da Caverna, alegoria da teoria do conhecimento, que Platão narra no livro VII da *República*. O escritor José Saramago afirmou uma vez que estávamos vivendo exatamente "dentro da caverna" na primeira década do século XXI.

Imaginemos uma caverna separada do mundo exterior, cuja única entrada de luz vem de uma passagem minúscula, que acaba reproduzindo sombras e vultos na parede do fundo da caverna. Desde seu nascimento, seres humanos ali vivem acorrentados, forçados a olhar apenas a parede do fundo, e sem nunca terem visto o mundo exterior nem a luz do Sol. Um dos prisioneiros, tomado pela curiosidade, decide fugir da caverna. Ele sai e no primeiro instante fica totalmente cego pela luminosidade do Sol, pois seus olhos não estão acostumados com a luz. Aos poucos vai se habituando à claridade e começa a desvendar os prazeres de uma nova descoberta. O Mito da Caverna nos ensina algo mais, afirma o filósofo alemão Martin Heidegger, num ensaio intitulado "A Doutrina de Platão sobre a verdade", que interpreta o Mito como exposição platônica do conceito da verdade: "A verdade dependerá, de agora em diante, do olhar correto, isto é, do olhar que olha na direção certa, do olhar exato e rigoroso. Exatidão, rigor e correção são as qualidades e propriedades da razão, no Ocidente. A verdade e a razão são teoria, contemplação das ideias quando aprendemos a dirigir o intelecto na direção certa, isto é, para o conhecimento das essências das coisas."

Na minha opinião a internet ainda está em gestação, não podemos encará-la como uma mídia que surgiu para viabilizar convergências de rádio, jornal e televisão. A internet é uma outra coisa, uma outra verdade e consequentemente uma outra mídia, muito ligada à Sociologia e com particularidades únicas. A meu ver ainda estamos dentro da caverna. Não sabemos qual olhar é o verdadeiro, pois vivenciamos muitos mitos ao mesmo tempo.

De 1995 a 2010 a internet criou e recriou labirintos, muitas vezes levando o leitor a um encontro sem volta com o Minotauro. Aproprio-me aqui do mito do Minotauro, que nos relata o drama dos moradores de Atenas, dominados por um poderoso rei da ilha de Creta, Minos, para discutirmos os labirintos digitais. Esse soberano exigia que sete rapazes e sete moças fossem enviados, regularmente para aquela ilha, onde eram devorados por um monstro que ficava nos labirintos do palácio. A rotina durou muito tempo, até que o herói Teseu, após ter conquistado o amor de Ariadne, filha de Minos, embarcou para Creta levando um novelo de linha dado por ela. Teseu, segurando-o, atingiu o centro do labirinto, onde matou o Minotauro e retornou a salvo.

Os mitos representam os sonhos coletivos, sendo metáforas do homem, de sua vida, de seus anseios, de sua percepção do mundo; daí a importância de estudá-los. Entrar no labirinto é aventurar-se, perder-se num espaço de educação plural que pode levar a pessoa a uma experiência única de *si mesmo*. A internet promove experiências solitárias – sempre é o usuário que comanda a ação, que decide qual caminho quer escolher (clicar); para onde deseja levar sua leitura ou pesquisa. A teia da World Wide Web nos apresenta diversos labirintos diariamente e muitas vezes, sem saber do poder que temos em mãos, não damos importância para a arquitetura da informação, ou seja, não nos preocupamos em propor a saída do labirinto. Deixamos, muitas vezes, o leitor navegando em círculos. Onde se encontra, hoje, o Minotauro? Será que ele não passa de um monstro nos jogos de RPG (*Role Playing Game*), em que o jogador pode escolher entre personagens prontos ou criar os próprios dando-lhes características físicas e mentais? Ou ainda serve como metáfora do conhecimento e imagem de um outro saber, como pensou Nietzsche?

> *Se quiserem acreditar, ótimo. Agora contarei como é feita Otávia, cidade-teia-de-aranha* [sic]. *Existe um precipício no meio de duas montanhas escarpadas: a cidade fica no vazio, ligada aos dois cumes por fios e correntes e passarelas. Caminha-se em trilhos de madeira, atentando para não enfiar o pé nos intervalos, ou agarra-se aos fios de cânhamo. Abaixo não há nada por centenas e centenas de metros: passam algumas nuvens; mais abaixo entrevê-se o fundo do desfiladeiro.*
>
> *Essa é a base da cidade: uma rede que serve de passagem e sustentáculo. Todo o resto, em vez de se elevar, está pendurado para baixo: escadas de corda, redes, casas em forma de saco, varais, terraços com a forma de gavetas, odres de água, bicos de gás, assadeiras, cestos pendurados com barbantes, monta-guardas, chuveiros...* [...] *Sabem que a rede não resistirá mais que isso.*
>
> (Cidades Invisíveis, *Italo Calvino*, 1991: 71)

Calvino sabia que o virtual é tão real como o fato em si, basta imaginarmos para vivenciarmos aquela situação. Em *Marcovaldo ou as estações na cidade*, Marcovaldo sai do cinema e encontra o mundo envolto em névoa, "uma neblina espessa, opaca, que envolvia as coisas e os ruídos, achatava as distâncias num espaço sem dimensões, misturava as luzes dentro do escuro, transformando-as em brilho sem forma nem lugar". Jorge Luis Borges é outro autor indicado para o jornalista que pretende mergulhar no mundo virtual. No poema "Invocação a Joyce", retirado do livro *Elogio da Sombra*, ele diz "Inventamos a falta de pontuação, a omissão das maiúsculas, as estrofes em forma de pomba [...]".

Ambos querem dizer que a noção de tempo e espaço é relativa. O tempo virtual também pode assumir roupagens mais do que reais na vida de um jornalista digital. Ele precisa abrir os olhos e sair andando a pé pela cidade. Faça esse rico exercício: Deixe o carro estacionado, salte do ônibus, caminhe sem nenhum compromisso.

Olhe para o lado, aguce o ouvido, pegue-se observando uma conversa alheia na fila do caixa 24 horas; repare como as mulheres seguram a bolsa; como está a poluição visual dos *outdoors*. Como ensina Roland Barthes nos seus estudos sobre linguagem, desvie seu caminho habitual e olhe sem máscara o que a rua lhe apresenta. Para conhecer a rede e seus rizomas faça o mesmo, comece navegando, descobrindo e interpretando o universo virtual. Mas procure separar o lixo tecnológico do ícone realmente valioso. Baudrillard sabiamente dizia:

> *Em consequência, seja no mundo fabricado de hoje, seja no mundo do absoluto tecnológico do amanhã, nessas três faixas o leitor investiga o que, na incessante multiplicação e consumo de objetos, lhe escapa de vital e lhe sobra como inércia, trapaça ou fingimento da ação.*
>
> *(Jean Baudrillard, 1968: 230)*

Os diversos exemplos, nacionais ou estrangeiros, só reforçam a teoria de que produzir uma notícia para a internet carrega um alto grau de conhecimento das mídias envolvidas, muito maior do que para um veículo impresso. Como oferecer algo mais para o leitor? Como agarrá-lo e tornar o ato de visitar diariamente determinado site um trunfo editorial? Se os fornecedores de conteúdo são os mesmos, como criar a fidelidade do internauta? Não tenho a menor dúvida de que é pela informação bem trabalhada, explorando ao máximo os recursos de hipermídia. Não existe segredo: o leitor percebe quando encontra uma página completa ou outra "rasa".

INTEGRAÇÃO DAS MÍDIAS
(ÁUDIO, VÍDEO, IMAGENS, ANIMAÇÃO)

Tudo ao mesmo tempo e agora

A web introduziu aos jornalistas novas formas de escrever. Em um chat de discussão com os participantes do "Writing On-line News", do Poynter Institute, da Flórida (Estados Unidos), Jonathan Dube, editor e *publisher* do Instituto Americano de Imprensa, fez algumas sugestões sobre como escrever textos on-line. A primeira delas foi conhecer o público e manter o foco nas necessidades e hábitos dos leitores.

Segundo o jornalista, estudos de usabilidade da internet mostram que os internautas tendem a apenas passar pelos sites muito mais do que lê-los assiduamente. Diversas pesquisas apontam ainda que o público on-line tende a ser mais ativo do que o de veículos impressos e mesmo do que um espectador de TV, optando por buscar mais informações em vez de aceitar passivamente o que lhe é apresentado. É importante também, de acordo com Dube, pensar em quais são os objetivos de seu público. "Como o seu leitor está acessando as notícias on-line, há mais chances de ele se interessar por matérias relacionadas à internet do que leitores de jornais ou espectadores de TV", afirmou. "Por isso, faz sentido dar mais ênfase a esses assuntos."

Além disso, como o site tem visibilidade global, o jornalista sugere que se pense sobre qual o alcance que se quer dar a ele – local, nacional ou até internacional – e que se escreva com isso em mente. Dube também fez comentários sobre a melhor forma de se contar uma história na web. Além do texto, é possível utilizar áudio, gráficos, vídeo, links etc. E até uma combinação de todos esses recursos. Para explorar essas novas possibilidades, sugere que os jornalistas busquem histórias que possam ser contadas de uma forma melhor na internet do que em outras mídias.

Os repórteres de mídias impressas, por exemplo, privilegiam a informação; os de TV buscam cenas emocionantes, sons e imagens para serem transmitidos junto com o texto da notícia. Já os jornalistas on-line precisam sempre pensar em elementos diferentes e em como eles podem ser complementados. Isto é, procurar palavras para certas imagens, recursos de áudio e vídeo para frases, dados que poderão virar recursos e assim por diante.

Ao sair para realizar uma entrevista, grave, quando possível, a conversa. Aprendemos no cotidiano das redações que gravar intimida o entrevistado, mas, aproveitando o provérbio popular, cada caso é um caso. Se for um *off*, informação repassada pela fonte com o compromisso de que ela não seja identificada, é óbvio que o repórter não irá gravar a entrevista. Se a conversa não render boas respostas, idem. Mas, na grande maioria dos casos, dará ótimos arquivos de áudio e estaremos assim eternizando a entrevista, com elementos como a tonalidade da voz e as sensações do entrevistado disponibilizadas na internet ao alcance de todos os leitores.

No caso de fotos, prefira as feitas ou reveladas com pouca riqueza de detalhes, para que possam ser enxergadas nitidamente no tamanho reduzido do monitor. Fuja, por exemplo, das sombras e *dégradés*. Os vídeos são mais facilmente assistidos se o fundo for plano e as imagens estiverem o mais próximo possível. O texto on-line deve estar numa linha entre o jornalismo impresso e o eletrônico. É mais conciso e multimídia do que o texto impresso, porém mais literal e detalhado do que o de TV, por exemplo.

Um bom texto de mídia eletrônica usa sentenças concisas, simples e declarativas, que se atêm a apenas uma ideia. Evitam-se longos períodos e frases na voz passiva. Para Dube, "usar esses conceitos na escrita on-line facilita a leitura e prende de forma mais eficaz a atenção dos leitores. Use e abuse de verbos fortes, que o ajudarão a escrever um texto vivo, arejado e alegre". A web não é sisuda, ela tem humor. O público on-line é mais receptivo para estilos não convencionais, já que o leitor não tem tanto compromisso ao navegar, ele "zapeia" pelos canais, ficando alguns poucos minutos na notícia que lhe interessa.

Se analisarmos os principais veículos on-line nacionais, iremos encontrar matérias recheadas de verbos na forma passiva, sentenças muito longas e uma mistura de metáforas com clichês. Isso pode ser consequência de equipes formadas muito rapidamente, poucas pessoas e jornalistas inexperientes – que, magicamente, de estagiários passam a editores e, às vezes, comandam, sozinhos, um canal inteiro de notícias.

Achar que o mais importante é oferecer as últimas notícias o mais rápido possível é um grande equívoco do meio. Os leitores raramente percebem quem foi o primeiro a dar a notícia – e, na verdade, nem se importam com isso. Uma notícia superficial, incompleta ou descontextualizada causa péssima impressão. É sempre melhor colocá-la no ar com qualidade, ainda que dez minutos depois dos concorrentes.

Outro conceito tradicional do jornalismo que não pode ser esquecido na web – ao contrário, deve ganhar força – é o lide. Ao escrever on-line, é essencial dizer ao leitor de forma rápida qual é a notícia e por que ele deve continuar lendo aquele texto – daí a importância de recorrer à velha fórmula "quem fez o quê, quando, onde e por quê". Como bem disse o escritor Gabriel García Márquez, "o importante é saber contar uma história".

Uma solução, segundo Dube, é usar, como em alguns veículos impressos, o modelo "T" para escrever uma matéria. Nessa estrutura, a parte horizontal do T representa o lide e coloca o principal da notícia, ou seja, por que ela está sendo escrita. O lide não vai matar ou substituir o final, mas apenas dar razões ao internauta para continuar lendo. A partir daí, o resto da matéria – a parte vertical do T – pode ter a forma de qualquer estrutura. O jornalista pode contar a história de forma narrativa; ou então continuar com o resto da história; ir ponto por ponto; ou simplesmente continuar o texto no formato pirâmide inversa. Isso permite ao jornalista telegrafar as informações mais importantes e ainda assim conseguir escrever do jeito que quer.

O empilhamento de informações é um dos grandes problemas dos sites noticiosos no Brasil. Num esforço para parecer o mais atual possível, os veículos quebram as matérias e, frequentemente, colocam o último desdobramento de uma história no topo. E as próximas informações virão em notas abaixo dessa e assim sucessivamente. Só faz sentido para o jornalista que está acompanhando o caso, pois o leitor – como mostram as pesquisas – normalmente visita uma vez por dia um site noticioso, o que faz com que a cobertura pareça um tanto enlouquecida.

O leitor nem sequer consegue assimilar tanta informação. Essa busca incansável pela quantidade de notícias soa mais como competição de egos entre concorrentes do que manifestação de respeito pelo internauta. É uma cobertura jornalística voltada para o próprio umbigo – jornalista que escreve para outro jornalista.

Outro ponto importante é a quantidade de caracteres. Costumo dizer para os repórteres da internet que qualquer história pode ser contada em mil caracteres, já que temos o recurso dos links embutidos para criar profundidade no conteúdo. Se estivermos falando de uma revista mensal, no entanto, é claro que a situação é outra. Em reportagens maiores, com mais dados e fontes, pode-se utilizar links para hipertextos de áudio, vídeo e galerias de fotos, tornando a leitura leve e agradável.

Um estudo do instituto norte-americano Poynter mostrou que 75% dos artigos on-line são lidos na íntegra, percentual muito superior ao dos veículos impressos, em que não mais que 25% dos textos são lidos inteiros. Isso ocorre porque o leitor impresso não realiza nenhuma tarefa para chegar até o final da reportagem, enquanto o leitor on-line precisa clicar e escolher o que quer ler. Está realmente interessado pelo assunto, enquanto o leitor de jornal lê o título, a linha fina, o lide e, na maioria das vezes, já é fisgado por outro título na mesma página, abandonando a reportagem inicial sem a menor dor na consciência.

JORNALISMO ESPECIALIZADO, SOB MEDIDA

Conteúdo exclusivo para mídias on-line

Outro ponto importante é a análise do crescimento do conteúdo exclusivo para a mídia on-line, mas ainda é grande a quantidade de textos originários na mídia tradicional, como nas agências noticiosas, que são as principais âncoras de fornecimento de notícias para os sites jornalísticos. A grande maioria dos portais utiliza material produzido para revistas e jornais – tudo através de parcerias estratégicas, como o caso do Terra e da revista *Isto É Senhor*, que tornou-se fornecedora exclusiva de conteúdo para o portal.

Um bom exemplo de conteúdo produzido exclusivamente para um site é o caso da ESPN, que se orgulha publicamente da quantidade de reportagem original que produz. São escritores fixos, colunistas *freelancers* e grandes talentos da TV americana que produzem material de ótima qualidade para o on-line. Correspondentes são enviados para cobrir a maioria dos grandes eventos esportivos do mundo. Apesar de contar com investimentos mais modestos, a versão brasileira também presta um bom serviço em matéria de cobertura jornalística sobre o mundo dos esportes.

Entender o poder da mídia é o primeiro passo para se construir produtos inovadores e instigantes do ponto de vista editorial. Conteúdo original é necessário quando se busca uma audiência significativa para o produto e não simplesmente marcação de território da marca na internet. Uma redação onde seus fundadores entendam a força da mídia e busquem, com uma redação digital, reforçar os princípios da hipermídia de informar não mais de maneira linear, com começo, meio e fim da notícia, mas sim construir matérias múltiplas sobre o mesmo assunto.

O CAMINHO DA NOTÍCIA

Da pauta à tela

O caminho percorrido pela notícia, desde o surgimento da ideia na reunião de pauta (ou do momento em que o repórter ou o editor acessa os sites das agências de notícias) até sua "publicação" na internet, demora, muitas vezes, dez minutos. Principalmente na área de últimas notícias, o tempo é o grande "capataz", tornou-se quase uma unanimidade achar que matéria publicada na internet pode vir cheia de erros – sejam eles de ortografia, apuração ou concordância. Tudo é perdoado em virtude do curto espaço de tempo da edição. Será isso mesmo? O relato do fato mais importante de uma notícia na internet é a própria notícia. Se o leitor quiser aprofundar-se, precisará utilizar os recursos da hipermídia e avançar sobre o tema em outros links correlatos, o que normalmente não ocorre por causa do curto espaço de tempo.

Na verdade, acredito que não ocorra porque poucos jornalistas brasileiros sabem ou dominam os recursos de hipermídia, de modo a encadear o fato de uma maneira multimídia. Deveria existir pós-graduação em hipermídia, pois sua complexidade exige muitos conhecimentos multidisciplinares e outros práticos em informática, o que acaba restrito ao mundo dos bits e bytes dos *webmasters* e engenheiros de software.

Nos Estados Unidos, convencionou-se chamar o novo jornalismo decorrente da mídia digital de *narrowcasting* – o específico, o personalizado, enfim, a informação dirigida ao indivíduo. A grande diferença entre a mídia tradicional impressa e a digital passa pelo seguinte conceito: a tradicional tem como objetivo falar com uma grande quantidade de pessoas; oferecer conteúdo jornalístico capaz de agradar, por exemplo, mais de um milhão de assinantes da maior revista semanal brasileira. Ou, no caso da TV, de propagar um programa de entrevistas, de auditório ou mesmo jornalístico para todos os lares brasileiros.

A mídia digital, nascida graças aos avanços tecnológicos e à solidificação da era da informação, consegue atingir o indivíduo digital – um único ser com suas preferências editoriais e vontades consumistas. Um cidadão que cresceu jogando *videogame* e interagindo com o mundo eletrônico. Os jovens entre 18 e 25 anos são hoje os potenciais consumidores da nova mídia interativa. São eles que se sentem atraídos por um amplo leque de recursos que vão desde compras on-line, *home banking*, jogos, entretenimento, até um acesso direto às oportunidades de pesquisa e educação à distância.

Descobriram os microcomputadores quando eles já estavam com interfaces gráficas, dinâmicas e coloridas. São a geração Y (também conhecida como geração *millennials* ou geração da internet), que se refere, segundo algumas correntes da Sociologia, aos nascidos após 1980. Os indivíduos dessa geração estão habituados a janelas que se abrem para outros conteúdos, multitarefas, interatividade de sistemas e software cada vez mais amigáveis – todos os recursos que facilitam a propagação da nova mídia de massa, que já nasceu com forte apelo visual e concebida para ser direta, objetiva, sucinta. É o leitor que raramente lê jornal impresso. Quando lê é porque o pai assina, folheou na casa de um amigo, mas dificilmente desembolsa dinheiro pelo jornal – prefere acessar o site preferido para saber das notícias.

A produção de conteúdo jornalístico para a internet consegue agrupar assuntos díspares que vão de bate-papos com cantores de música pop, passam por discussões sobre a nova coleção de roupas para a boneca Barbie ou o processo de clonagem humana, e chegam a estudiosos de Shakespeare; tudo editado por repórteres ou editores de "news", que acabam, sem saber, mudando e influenciando hábitos de leitura, alterando o código visual, a língua corrente naquele país, o modo de se fazer compras, de se portar diante da vida e, principalmente, alterando a cobertura da mídia atual.

O fazer jornalístico está mudando, basta olharmos para o inexistente número de "carros de reportagem" nas redações digitais, o que mostra que raramente o repórter web sai para a rua em busca de um fato. O fato vem até ele pela própria net. Exemplos como o *affair* Clinton-Monica Lewisnky mostram o poder da internet, que, nesse caso, "furou", no jargão jornalístico, a mídia tradicional. Os sites vêm tomando o espaço de livros, jornais, programas de TV e outros meios de comunicação tradicionais.

O veículo digital é antagônico ao tradicional (TV ou jornal), pois sua concepção parte de um grupo grande para um grupo pequeno e, por fim, para o indivíduo – aquele interessado em consultar um serviço meteorológico que fornece as condições climáticas da cidade de dez mil habitantes onde ele irá passar o próximo feriado. Esse indivíduo deseja ainda saber, se possível, a rota e as condições das duas únicas estradas da região. Se ele entrar num serviço on-line de previsões do tempo espelhado cem por cento na versão impressa do seu jornal matutino, encontrará uma página digital que não lhe será útil.

Antes de entrarmos propriamente no caminho percorrido durante a produção da notícia, acho importante explicarmos o que ela vem a ser, do ponto de vista da estrutura gramatical. Para o jornalista e professor Nilson Lage, é "o relato de uma série de fatos a partir do fato mais importante ou interessante; e de cada fato, a partir do aspecto mais importante ou interessante". Essa definição, de acordo com o autor, indica que não se trata exatamente de narrar os acontecimentos, mas de expô-los. Em uma notícia, deve-se evitar o uso de termos pouco conhecidos, já que, ao reduzir o uso de itens léxicos (palavras e expressões), e o de operadores (regras gramaticais) de uso corrente, aumenta-se a comunicabilidade e facilita-se a produção do texto. Vale usar como exemplo a fala radiofônica dos locutores de futebol, que conseguem falar muito rapidamente, e ainda assim de forma clara, durante a cobertura de um jogo. O segredo é simples: eles reduzem o uso de itens léxicos e utilizam um grupo limitado de palavras.

Não irei me aprofundar no cerne da Teoria da Comunicação; apenas nortearei o entendimento da origem do texto jornalístico, passando pelo que é fundamental na produção da notícia, primeiramente no ambiente impresso, para depois explicar os desdobramentos do meio eletrônico, onde se acrescentam os conceitos hipermediáticos. No entanto, como ensina Othon Garcia, autor do livro *Comunicação em prosa moderna*, "nunca se deve abrir mão do conceito de expor os fatos em vez de narrá-los". Para ele, a estrutura das frases deve partir de ideias e não de palavras.

Já para Nilson Lage, a notícia não terá uma vida longa em jornais, perdendo terreno para a mídia eletrônica. "Terá longo futuro a notícia em jornal diário? Provavelmente não. Sua sobrevivência, aí, depende do grau de controle político e do desenvolvimento da mídia eletrônica, que é mais veloz, eficiente e não gasta papel. Mas, a notícia escrita sobreviverá em veículos especializados, ainda que chegue ao consumidor por via eletrônica, projetada em terminais de vídeo."

Relatar uma série de fatos a partir do fato mais importante presume uma estrutura lógica, o que, no caso da notícia, demanda tempo e pessoal. Notei, por levantamento empírico e por meio de entrevistas nas redações de diversos portais brasileiros, que a reportagem ficou apenas restrita a coberturas especiais – como, por exemplo, a semana da moda brasileira, *Fashion Week*, realizada duas vezes ao ano, tanto em São Paulo como no Rio de Janeiro, nas quais os portais UOL, Terra e Globo anualmente montam equipes para produzir e enviar reportagens do local. Mesmo nessas coberturas especiais, no entanto, a prioridade é o volume de notícias.

Nesses casos, o conceito de reportagem pode ser retomado porque existem reuniões de pauta (agenda de eventos a serem cobertos para noticiário, indicação de assunto, abordagem, fontes possíveis, equipamentos, deslocamentos e prazo de produção de reportagens) e uma produção um pouco mais extensa de matérias, com textos de até 15 linhas, que podem ser chamados de matérias especiais, já que normalmente o texto de últimas notícias on-line fica entre quatro e sete linhas – nada mais que o lide da matéria.

O FECHAMENTO QUE NUNCA ACABA

São 14h53 do dia 16 de julho de 1999 e o fechamento dos conteúdos especiais para o final de semana ainda nem começou. Estou com o mau pressentimento de que será uma sexta-feira longa – a única coisa que me anima é imaginar o *hot dog* da madrugada na frente do Parque Villa Lobos, o melhor de São Paulo. Fico com água na boca só de pensar na batata palha crocante.

Cláudia, a estagiária que chegou há uma semana e acabou virando sinônimo de *publisher* (publicador) – pois quebra todos os galhos nos HTML de última hora – chega correndo na redação. "Acabei de ouvir no rádio enquanto estacionava o carro que John-John morreu. Ele era lindo! A maldição dos Kennedy é mesmo implacável..." Passo a ter certeza de que meu pressentimento estava certo – teremos um longo dia.

John Kennedy Jr. havia morrido tragicamente aos 38 anos, em um acidente com o avião que pilotava. "Pessoal, vamos subir a notícia para a home page e produzir um especial sobre o John-John para subir o quanto antes. A nossa reunião de pauta começa em cinco minutos. Cláudia, por favor, levante o que os portais já deram sobre a morte. Luís, reúna informações sobre a família Kennedy para a reunião". Enquanto caminho em direção à bancada dos *designers*, que já me lançavam aquele olhar "lá vem mais trabalho", decido que a melhor saída é aproveitar a "casca" (que é como chamamos os *templates* de *hot sites* especiais) feita para o especial de aniversário da Madonna, principalmente a estrutura do menu. "Basta mudarmos as cores, pois não temos muito tempo para parir o especial John-John", aviso.

Juliana, minha editora de primeira página, sugere que a gente abra o especial com aquela foto clássica do John-John menino embaixo da mesa da sala oval na Casa Branca. Acho boa ideia e peço para ela fazer uma pesquisa nas páginas de busca das agências AFP e Reuters, nossas fornecedoras de notícias e fotos. "Vamos precisar de muitas fotos", penso a caminho da máquina de expresso – que, pelo jeito, também terá excesso de trabalho pela frente.

Mal havia começado a reunião de pauta e chega a notícia de um acidente na rodovia Castelo Branco entre uma carreta desgovernada e um ônibus escolar. Mais um fato importante que teremos que repercutir. A TV havia mostrado imagens fortes, e nós precisávamos de fotos para colocar na home page. Como a Castelo estava interrompida em função do acidente, tínhamos que mostrar os caminhos alternativos. "Luís, deixa que eu toco a reunião e você pilota a cobertura inicial do acidente. Não esquece de checar o número de mortos, parece que são quase trinta".

Iremos abrir o index (página-sumário) do caso John-John com a síntese da notícia – entre dez e 15 linhas mostrando a provável causa da queda do monomotor no oceano Atlântico. "Não temos ainda as causas do acidente, apenas noticiam a pane", diz Luís, que sugere um Flash mostrando a localização da queda. Concordo e logo despacho Carolina, a nossa *Flash-girl*, para a missão. Lembro que temos que narrar os fatos de maneira muito clara, pois mesmo quem não sabe nada sobre John-John precisa entender o fio da meada – quem era ele, o que a família representa nos Estados Unidos, a tão falada maldição dos Kennedy...

Tínhamos que produzir uma matéria sobre as tragédias na dinastia Kennedy; mostrar a infância na Casa Branca; as mudanças na vida da família depois do assassinato do pai, o presidente norte-americano JFK; a relação com a mãe, Jacqueline. Cada um desses aspectos seria um hipertexto correlato que ajudaria a consolidar a história. "Luís, por favor, baixe tudo que tiver sobre o acidente na Reuters e já comece a 'empacotar' para o especial."

Juliana entra na sala de reunião. "Já temos fotos do acidente da Castelo e números oficiais da Dersa. O que vocês querem que eu faça?" Peço que ela suba o consolidado do acidente rodoviário e depois edite as melhores imagens para a galeria de fotos do especial de adeus a John-John, tentando trabalhar com o conceito da pirâmide invertida – imagens atuais e depois ele jovem, adolescente e criança.

"Não se esqueça da mulher; como era mesmo o segundo nome de Carolyn?" pergunto a todos. "Bessette", diz Cláudia, que havia ficado responsável pela transcrição de depoimentos e pela cobertura da comoção nos Estados Unidos. "Aliás, quem estará de plantão amanhã?" Todos respondem, com ar de graça, "você!". Anoto no meu Palm o que irei precisar checar logo pela manhã de casa... Fotos do funeral para colocarmos como imagem de abertura na home page, caso o sábado seja pacato. Luís lembra bem que teremos treino da Fórmula 1 ao meio-dia. "Deixem comigo."

"Luís, verifique o que temos em arquivos de áudio e vídeo. A BBC publicou em vídeo a entrevista coletiva de John-John quando ele lançou uma revista. Nossa parceria permite reproduzir vídeos da BBC?" Peço que Alessandra, nossa secretária de redação, esclareça a questão rapidamente com o departamento jurídico. "Vejam os áudios publicados na CBN, pois estes podemos usar sem medo." Termino a reunião dizendo que o assunto merece um consolidado de uns 20 hipertextos, que iremos manter por três dias na home page, principalmente no final de semana.

Alessandra desliga o telefone e diz que a BBC "é nossa", podemos usar tudo. Lembro também que foi em 1998 que John-John foi eleito o homem mais sexy do mundo pela revista norte-americana *People*. "Por favor, Cláudia, peça para o pessoal do centro de documentação checar se foi em 1998 mesmo e se temos uma reprodução desta capa da *People*."

Meus filhos ligam no celular. "A que horas você vai chegar?", perguntam. "Tarde", respondo, com culpa. "Mas amanhã temos apresentação de teatro na escola às nove horas", diz o mais velho. Asseguro não apenas que vamos chegar no horário como ainda prometo um cinema a eles. Desligo com peso na consciência, lembrando que meus filhos vão, mais uma vez, jantar sem mãe – e que eu terei mais uma noite maldormida antes de começar a jornada de mãe.

Aí aparece a Juliana. "Que dia!", ela comenta antes de contar que o delegado Mário Afonso, da 2ª DP do Rio de Janeiro, designado pelo governador para combater o narcotráfico, foi encontrado morto com um tiro na cabeça no estacionamento do Barra Shopping, zona sul do Rio. O carro estava estacionado e o corpo no porta-malas com um bilhete dos traficantes que dizia: 'Iremos apagar qualquer elemento que entrar em nosso caminho.' Isso me lembra a cena da cabeça de cavalo no *Poderoso Chefão*", diz Juliana, que recebe a incumbência de subir a matéria sobre o caso em meia hora. Volto para minha mesa e vejo um recado da secretária do diretor de redação me chamando. Toda sexta-feira ele resolve conversar sobre os fatos mais importantes da semana, bem no desenrolar frenético do fechamento.

Levanto em direção ao seu "aquário", enquanto os repórteres discutem se a pizza vai ser de frango com *catupiry* ou novamente a portuguesa. Digo sem forças: "Peçam as duas e não esqueçam do refrigerante *light* para as meninas." As horas passam e o relógio já marca 23h40.

A redação está quieta, as conversas acontecem apenas via ICQ e entre um fechamento e outro Cláudia checa a previsão do tempo para o dia seguinte, sua primeira folga em três semanas. "Vai fazer sol e eu vou para a praia mesmo sendo inverno. Preciso tomar um banho salgado", anima-se.

Luís continua escutando seus CDs de música eletrônica enquanto acrescenta novas informações ao especial John-John. A rodovia Castelo Branco tem tráfego normal e o enterro do delegado da 2ª DP do Rio será às 11 horas de amanhã. Passa de meia-noite quando pego a minha bolsa para saborear um suculento *hot dog* e dou boa noite ao estagiário que acaba de chegar para sua jornada de trabalho até as sete da manhã. Que dia!

A história é ilustrativa e alguns dos fatos e personagens são fictícios. Qualquer semelhança é mera coincidência.

O *DESIGN* INTERATIVO E ORGÂNICO

Para uma ferramenta ser realmente interativa, precisa permitir que o usuário se sinta imerso no conteúdo. Excesso de sofisticação, muitas vezes, só atrapalha – como todas aquelas funções dos menus de um DVD de ficção, que apenas retardam o seu desejo orgânico de apenas deleitar-se com o filme. É possível ser um *designer* melhor aprendendo os princípios do *design*. Mas mesmo o mais criativo dos *designers* só pode criar um sistema fácil de navegar se ouvir o usuário. O site deve ser agradável e tolerar os erros dos internautas, já que ninguém é obrigado a saber de antemão o caminho para chegar a um determinado lugar.

A chave para maximizar o *design* é permitir que o sistema incorpore o *feedback* (ver Glossário) dos usuários até o produto atingir níveis cada vez mais orgânicos e intuitivos. Menos é mais. O *design* orgânico é simples.

ALGUMAS REGRAS BÁSICAS DA PERSONALIZAÇÃO

As dez dicas a seguir servirão como base para aqueles que querem criar um website com conteúdo personalizado, a partir das preferências conhecidas de cada visitante. Com base na análise de cases, Michael Beckley, editor do Appian Web Personalization Report (Relatório sobre Personalização na Web), procurou categorizar as dez melhores experiências para essa indústria, reunindo os princípios por trás do desenvolvimento de bons sistemas de personalização. Os itens a seguir foram traduzidos a partir do material do autor na internet e estão recheados de breves comentários sobre cada passo para a personalização.

1. Aprenda com cada movimento

É verdade que muito da personalização on-line deve ser subtraída das pequenas ações dos usuários. Quando um internauta passa alguma informação para você, não a descarte. Não rejeite qualquer contato entre você e o público externo. Colete tudo que possa lhe servir como lição e tente aprender com essas informações.

A aplicação óbvia desta regra é o registro e o uso do caminho percorrido pelo usuário por meio do clique do mouse. Um clique pode revelar mais do que a tendência do usuário a uma determinada escolha. Leve em consideração também essas questões:

• Um usuário explorou duas áreas de seu website; qual foi a primeira delas?

• A escolha inicial por um desses campos inseriu o outro em um contexto mais significativo?

• Um usuário acessou seis tópicos diferentes quando visitou seu site; em qual deles ficou mais tempo?

• Qual a frequência de visitas de um mesmo usuário à sua página?

• Com base nos tópicos acessados, tempo gasto em cada um deles, *downloads* e compras, você poderia afirmar que o usuário saiu satisfeito da última visita a seu website?

A medição da satisfação diz muito sobre o comportamento personalizado: um usuário satisfeito aponta o que funcionou em seu site em sua última visita. Um usuário descontente, por sua vez, abre a oportunidade de mudar radicalmente o apelo de sua página.

2. Não coloque resistência à personalização

A personalização não é um artifício o qual os usuários estão sempre permeáveis a aceitar. Precisamos guiá-los para entrar em contato com ela; em um primeiro momento, por meio de uma pequena pressão baseada nas poucas informações que a empresa pode ter em mãos, e, depois, pode valer-se da cumplicidade acumulada.

O visitante não deve preencher registros, pesquisas ou realizar qualquer ação que seja custosa logo de início. Muitos participantes potenciais poderão ficar desencorajados com essas ações em um primeiro contato. Em vez disso, deve-se seduzir o internauta desde o momento em que ele entra no site.

O que se pode conhecer de um usuário que visita pela primeira vez sua página? Conhecemos o *browser*, que serve de auxílio na hora de customizar a aparência do site e, mais do que isso, sabemos que é um recém-chegado. Não subestime essas informações porque muitos novos visitantes esperam as mesmas coisas.

3. Não negligencie qualquer fonte de informação

Esse é um negócio em que se procura extrair indícios de comportamento. Deve-se filtrar esses indícios das ações volúveis e errantes do usuário. Qualquer movimentação negligenciada torna mais difícil conhecer esse usuário.

- Os recursos para informação incluem:
- Armazenamento de dados, contendo compras passadas e outras informações do cliente. Melhor usado na personalização fora do tempo real.
- Exploração dos dados armazenados em busca de informações úteis.
- Acompanhar o caminho percorrido pelo usuário por meio do clique do mouse, ou seja, o histórico do usuário, dentro do website.

- Interpretar a evolução do usuário dentro do site por meio do percurso do clique do mouse.
- Avaliar as preferências intrínsecas do usuário. Geralmente apresentadas em um formulário de pesquisa no início do relacionamento de personalização.

4. Permita que o usuário mostre seus erros

A personalização é extremamente falível porque os usuários, por exemplo, podem mudar suas preferências ou um internauta perdido pode apontar "preferências" que não estejam relacionadas a ele. Na maioria das vezes em que se tenta personalizar uma *web page*, pode-se estar indo pelo caminho errado.

Os usuários devem sempre ter a oportunidade de informá-lo sobre alguma deficiência e ter a opção para cancelar a personalização. Não permita que um usuário fique confuso dentro de sua página e perca-se dos recursos que procura.

Caso a personalização não dê certo, os usuários devem ser dirigidos para uma página impessoal, isenta de aspectos personalizados (como a maioria das home pages de hoje), de fácil navegação e com campos de busca.

5. Obtenha toda informação possível sem aborrecimentos

Um dos métodos favoritos para iniciar um relacionamento de personalização é apresentar ao usuário uma lista de perguntas. Ao mesmo tempo que essa abordagem oferece um grau de precisão para sua oferta inicial de personalização, ela também pode significar uma redução do número de usuários no sistema.

O questionário revela um dos primeiros dilemas da personalização, traduzido pela resistência *versus* exatidão. Na verdade, quanto mais você for insistente e minucioso, mais respostas precisas você terá em mãos para sua personalização. Essa busca por detalhes, contudo, contará com a colaboração de poucos usuários.

Para conseguir êxito o ideal é juntar as informações de maneira gradual, deixando que as ações do internauta se expliquem por elas mesmas. Desse modo, é possível criar um site e agrupar informações selecionando os cliques significativos e confiar mais nos cliques do que no rolamento (*scroll*) para se acessar novas categorias de informação.

A inclusão de páginas de diretórios atraentes possibilita tanto a navegação adequada do usuário como a revelação de uma série de preferências e interesses.

6. Enfatize a privacidade

A privacidade é a terceira base dessa indústria. Tenha em mente que os clientes temem duas coisas: que você os conheça extremamente bem e que você passe adiante esse conhecimento para um negociante direto – outro site ou uma companhia de seguros, por exemplo.

Conhecer demais um internauta pode impedir uma visita futura dele ao seu site. Para afastar os temores, enfatize a questão da privacidade garantindo que os dados de personalização podem ser apagados pelo usuário e reafirme que as preferências estão seguras com você e que não serão comercializadas ou repassadas para uma terceira parte.

Finalmente, solicite a seu *webmaster* que mantenha protegidos seus bancos de dados personalizados da ação de *hackers*, tanto externos quanto internos (mais comuns e mais perigosos). O vazamento de qualquer informação prejudicará seriamente sua reputação on-line.

7. A importância da personalização na venda ao usuário

Deixar claro que o conteúdo visto pelo usuário é personalizado é o primeiro passo. Muitos dos atrativos do site estão guardados na mente do usuário – os internautas escolhem determinada página eletrônica de uma empresa para realizar uma compra porque acreditam que ela proporcionará a melhor experiência que já realizaram.

Para um visitante acessar sua página, identifique e ofereça rapidamente o que ele necessita. Se ele acreditar que essa ação foi apenas um golpe de sorte, você perdeu uma oportunidade. Se o usuário está ciente da personalização, ele irá ajudá-lo, agregando valor ao seu serviço. Muitos usuários desejam ensinar ao sistema como entendê-los.

8. Observe o que os usuários aprovam ou não

A desaprovação de um usuário pode servir como uma boa dica para o que ele gosta ou mesmo mostrar a melhor forma para se vender um produto para ele. Uma opção especial ignorada em sua home page pode dar lugar, no futuro, a um outro tipo de recurso mais atraente, um que deva ter mais chances de sucesso com esse internauta.

Ter um espaço em seu site dedicado ao comércio eletrônico e perceber que essa área não gera cliques (não atraiu um usuário), implica dois graves problemas: tanto uma perda de sintonia como o desperdício de oportunidade de compra, por exemplo. Deve-se prestar atenção aos movimentos de cada usuário e confrontá-los com as características e produtos descartados. Sua home page não deve estar presa a uma única característica; disponha de algumas variações e aproveite de forma apropriada conforme cada usuário.

9. Facilite a vida do usuário para ele mostrar o que gosta ou não
Existem três crenças populares que servem de falsa orientação para a construção de muitos sites personalizados:

• Todo usuário quer apontar êxitos ou falhas no processo de personalização ao mesmo tempo (geralmente na primeira vez que eles se registram).

• Todo usuário tem a mesma tolerância para responder questionários e atividades sobre suas preferências.

• Na verdade, você nunca sabe quando um usuário quer expressar o que ele gosta ou não em sua página, mas é certo que alguns internautas estão mais propensos a mostrarem sua aprovação do que outros. Dessa forma, facilite a vida daqueles que querem entrar em contato com você.

Quando um usuário se dispõe a se corresponder com você, o que ele tem a relatar geralmente é feito em poucas palavras e diz respeito a algo específico que não pode ser apreendido em uma pesquisa. Para isso, seria bom contar com ferramentas de mensagens instantâneas em seu site a fim de criar essas oportunidades.

Beckley propõe que todo item personalizado ou *web page* possua uma pequena caixa no canto da página para dar a chance de excluir aquele que é indesejado. Deve-se oferecer ainda um questionário opcional, talvez dividido em partes, sempre disponível, no qual o usuário pode enviar sua percepção sobre aquilo que o atingiu.

10. Nunca deixe o usuário esperando por uma resposta personalizada
Entre uma resposta impessoal e a demora no envio de uma justificativa personalizada, o atraso pesa contra a empresa e servirá de justificativa para o usuário deixar de frequentar seu site. Não há como avaliar o que seria um atraso tolerável porque isso depende do temperamento de cada usuário. Não deixe, contudo, de atender

às expectativas dos internautas sobre seu desempenho – dê a eles o que estiver ao seu alcance imediato. Tenha sempre guardada uma resposta-padrão pronta já que um retorno mais elaborado e personalizado pode implicar mais tempo do que o previsto.

CAPÍTULO IV

O meio digital

AS PARTICULARIDADES DO ESPAÇO ATEMPORAL DE TRABALHO

Da faculdade para a redação digital

Ainda existe um longo caminho a ser percorrido pelos jornalistas que saem das universidades e buscam o primeiro trabalho na mídia digital. Contextualizar a informação e saber criar hierarquias de importância para a notícia – sempre da mais importante para a menos – são as peças fundamentais desse quebra-cabeça digital. Escrever corretamente, não precisava nem lembrar, é uma obrigação do jornalista.

Ser rápido no raciocínio e ter o conceito de instantaneidade ajudam na questão do fechamento contínuo, como vimos anteriormente. Ter familiaridade com software de tratamento de imagem, *instant messengers*, Twitter, Facebook, blogs e ser um *heavy-user* (ver Glossário) da web, faz com que o profissional consiga espaço nas redações 24x7. Outro fator fundamental é ter uma boa bagagem histórica, pois sem ela não é possível tecer a reportagem multimídia.

A grade de atualização das primeiras páginas dos portais assemelha-se muito às grades de programação da TV aberta. Na verdade nos portais ocorre efetivamente o primeiro *crossmedia* entre o formato texto, que segue os padrões e estilos da mídia impressa, e as ofertas de vídeos, áudios e animações que vêm da linguagem televisiva, seja no oferecimento das notícias ao longo do dia, seja no formato – muito parecido com o show da TV.

Preparar informações sob medida para o leitor web ajuda o jornalista a construir um site vitorioso do ponto de vista de audiência, como também vitorioso do ponto de vista de prestação de serviço. Acho importante citar os cases de *Época On-line*, que chegou a contabilizar quatro milhões de *page views* mensais, em 1999, e o portal iG, segundo lugar em domínio visitado no Brasil, em 2002, como forma de ilustrar, na prática, o funcionamento das duas redações e as formas de atualização da notícia.

Em 1998, a *Época On-line* oferecia continuação da cobertura do fato publicado na semana anterior pela revista, como um trunfo para não deixar que o site ficasse "velho", ou seja, só atraísse o leitor aos sábados, quando uma nova revista chegava às bancas. Quando as oito revistas mensais da Editora Globo passaram a ter seus domínios na web, no começo de 1999, consegui retomar meu estudo sobre grades de atualização casadas com o fechamento dos veículos impressos, iniciado um ano antes em *Época*. Nosso cronograma de fechamento não deixava nada a desejar a uma escala fabril – fechávamos duas revistas mensais por semana, fora a semanal *Época On-line*.

Nesse período da minha vida comecei a experimentar estratégias embasadas em teorias empíricas para testar o sucesso da primeira página. Tinha um grande aliado ao meu lado, os relatórios de acessos – onde podia cruzar dados e ver qual chamada, galeria de fotos, assunto ou mesmo reportagem agradava mais os leitores das oito publicações da casa. Era um trabalho insano e constante, de segunda a segunda.

As seções iniciais das revistas mensais, normalmente onde são desovadas as notícias mais quentes e os acontecimentos de última hora, foram todas transformadas em seções semanais dos sites, tarefa esta que gerou grandes ganhos para os produtos on-line e alguns dissabores com as redações "de papel", como chamávamos os jornalistas da versão impressa. O *timing* de um jornalista de uma revista mensal é muito diferente do de um repórter on-line. Ele se preocupa em outubro com a pauta da revista de dezembro.

Imagine esse profissional abastecendo um site diário com pequenas reportagens sobre saúde, moda, beleza, automobilismo, gravidez, decoração e agropecuária. Percebi que era mais produtivo ter repórteres web responsáveis pelos websites das revistas mensais – que, heroicamente, conseguiam fazer um rodízio diário de chamadas nas respectivas home pages e propor coberturas especiais de eventos e criação de *hot sites* – do que tentar ensinar hipermídia para os colegas dos produtos impressos. Éramos 13 pessoas para oito revistas. Ao promover a troca de chamadas e fotos nas primeiras páginas, percebi que os acessos cresciam e os leitores – monitorados diariamente pelas enquetes, fóruns e e-mails que chegavam às redações – estavam satisfeitos.

Foi na Editora Globo que comecei a montar um esboço de uma grade de atualização para home pages, o que só fui implantar, no ano seguinte, no iG, onde trabalhei como diretora de portal. No primeiro trimestre de 2000 o iG tinha em média trezentos mil *unique visitors* (visitante único) diariamente, gerando cerca de dez milhões de *page views* por dia. Hospedava 58 sites, desde notícias (*Último Segundo*, feito com conteúdo próprio e edição de matérias apuradas por grandes agências internacionais como Reuters, AFP, Bloomberg e BBC), totalizando 1.400 reportagens divididas em sete editorias fixas); temas femininos como o *Banheiro Feminino* (centrado num noticiário informal, verdadeiro papo de mulher durante o *make-up* no banheiro) e sites como o *iG Mundial*, produto focado no brasileiro que mora no exterior e está com saudade da terra natal.

Com todo esse universo de sites e públicos na mão, comecei, em conjunto com Fernando Neves, meu editor de primeira página, a elaborar o que meses depois iríamos transformar numa grade de atualização – e que nossos repórteres iriam seguir como um manual. Como agradar todos os 58 parceiros com chamadas na primeira página e ao mesmo tempo construir uma home page "quente" do ponto de vista editorial? Começamos esmiuçando os relatórios de audiência para ter certeza do tipo de público que acessa determinado conteúdo e a que horas; depois foi a vez de Neves contatar todos os parceiros para levantar o perfil de cada site, os dias e horários de atualização, além de montar uma agenda de contatos com os telefones, e-mails, ICQs e celulares dos repórteres e editores dos produtos. Isso para que, a cada novidade editorial publicada no site do parceiro, a equipe da home page pudesse ficar sabendo e noticiar.

Comecei a traçar paralelos com as informações do Webtrends (software de medição de audiência web). Das 7h às 8h, o site de trânsito era o mais acessado, bem como nos horários de pico, das 18h às 19h30. O *Babado,* site de fofoca e personalidades, por exemplo, tinha um pico de audiência às 9h, explicado pelo fato de serem as mulheres que liam notícias do mundo dos famosos no trabalho, antes do chefe chegar. Pela manhã apareciam mais internautas nos sites de culinária. Já no período vespertino, até às 17h, entravam adolescentes no iG; e a partir das 20h, o horário nobre era todo voltado para o noticiário e entretenimento. Depois das 22h, programação para adultos – neste horário os recordes absolutos eram as salas de sexo. Com todos esses subsídios na mão e mais algumas grades de programação da TV aberta, fornecidas por colegas do meio, começamos a criar uma grade semanal, que sofria alterações nos finais de semana, em função da mudança de comportamento do leitor, como também ocorre nas TVs abertas. Comparar a oferta de conteúdo e os horários de publicação tornou-se um vício, numa incansável busca por respostas e formatos de maior sucesso.

Não basta ter uma boa reportagem na mão para achar que ela fará sucesso na home page, é preciso saber onde publicar e em que horário. A arquitetura da informação surgiu para descobrir em que área devemos publicar cada tipo de material. Um sistema de navegação consistente e funcional, que permita ao usuário saber onde está, para onde ir, o que fazer e, é claro, se interessar em voltar ao endereço clicado, é um grande quebra-cabeça. Nada na internet é aleatório ou desprovido de intenção – ao menos não deveria ser. Precisamos saber exatamente o porquê de determinado canal ou seção estar disposto naquele espaço geográfico da tela.

PRONTO PARA A INTERNET

Os leitores são eternos narradores

"Na web, os visitantes controlam praticamente tudo. Como internauta, cada leitor pode até se transformar em narrador. As histórias não começam e terminam simplesmente. Elas começam onde o usuário quer começar e acabam onde ele termina de ler", afirma Jerry Lanson em sua coluna mensal no site *On-line Journalism Review*. Para o jornalista norte-americano, será fundamental criar novas maneiras de se contar uma história, e não simplesmente de desenhá-la na web. Mas isso não significa que a forma narrativa de escrita deve ser abandonada na internet.

VANTAGENS E DESVANTAGENS DO MEIO

Os apuros de um gigante adolescente

Se olharmos o jornalismo multimídia sob o ângulo de empreendimento empresarial, cuja atividade-fim é a disseminação de informações, encontraremos esse tipo de empresa quase que totalmente envolvida com o segmento tecnológico e as Novas Tecnologias da Informação (TI). Para Octavio Ianni, "o pensamento científico, em suas produções mais notáveis, elaborado primordialmente com base na reflexão sobre a sociedade nacional, não é suficiente para apreender a constituição e os movimentos da sociedade global". Esse envolvimento se dá em todas as atividades realizadas numa empresa que provê produtos multimídia como, por exemplo, o Universo On-line (UOL). Da captação e recebimento da notícia, que trafega pela rede física da empresa, ou vem por meio de uma rede móvel; da escolha e seleção dos diferentes tipos de informação e sua exposição usável na URL do portal na internet, bem como de toda a estrutura de *datacenter*, com links, servidores, empresas de telefonia, *backup* e banco de dados capazes de recuperar o passado e organizar o presente do internauta.

Novas Tecnologias da Informação e suas subdivisões com softwares cada vez mais modernos e capazes de automatizar o dia a dia de uma redação digital estão transformando o "fazer jornalístico" num processo automatizado e muito particular. Onde foi parar a reunião de pauta? A fonte primária? O jornalismo como prestação de serviço? E a produção da notícia propriamente dita? Podemos dizer que os portais na internet são a personificação de um ambiente ideal onde o *core technologies* se juntou com o *core business*, resultando em empresas que alimentam e trafegam informação 24 horas por dia.

Os sites de conteúdos jornalístico e de entretenimento produzem, trafegam e armazenam informação. O internauta é bombardeado 24 horas por dia e sete dias por semana com informação e dados, que podem ser arquivos de texto, áudio, vídeo ou imagens.

Os portais nacionais são exemplos vivos da nova empresa jornalística, transformando e adaptando o seu produto básico aos novos meios que, na realidade brasileira, atualmente encontram problemas financeiros e históricos para decolar de forma regular e com uma receita positiva. Para o sociólogo francês Jean Baudrillard, o consumo tornou-se um modo passivo de absorção e de apropriação que se opõe ao modo ativo da produção. "É preciso estabelecer claramente que não são os objetos e os produtos materiais que são objeto de consumo: estes são apenas objeto da necessidade e da satisfação."

Não podemos deixar de assumir que a internet proporcionou um acesso à informação de maneira única. Achar o endereço de um restaurante sem ter que perguntar para ninguém, usar o telefone ou folhear a lista telefônica. Pesquisar o roteiro das próximas férias. Ficar feliz ao descobrir que sua restituição do imposto de renda já está disponível para saque na agência bancária. Ou ainda, achar namorado(a), bater papo e encontrar companhia para noites de insônia. Enfim, a abrangência de serviços oferecidos num portal consegue preencher e resolver grande parte das necessidades do homem moderno.

O poder de transformação causado pelo uso das redes sociais também pode ser colocado como um dos grandes avanços da internet neste começo de século XXI. Qualquer análise de mídias digitais, por sua própria natureza, não pode estar dissociada dos aspectos de estratégia, gestão e de comportamento humano.

Tais fatores são aqueles que conferem o diferencial de cada empreendimento. O trabalho jornalístico na web é sinérgico, reunindo áreas que à primeira vista são estanques, como exercício de jornalismo e *design*, mas que se encontram, por exemplo, no momento em que o *designer* senta ao lado do editor, que já exerce atualmente a função de um gerente de produto, para desenhar um *hot site* sobre o desempenho do futebol brasileiro na Copa do Mundo. Passadas algumas horas, um cidadão comum abrirá a tela do seu computador e acessará reportagens sobre o maior evento de futebol do mundo; poderá ler e absorver informação sobre as Copas passadas; conhecer as grandes jogadas e ainda saber a biografia dos maiores jogadores de todos os tempos. Todos nós sabemos que, em breve, surgirão novos meios, novas redes sociais, novos blogs que serão absorvidos, e assim por diante.

Os jornalistas recém-formados ou mesmo os que estão estudando para exercer a profissão não podem ignorar a enorme transformação conceitual e organizacional pela qual a comunicação vem passando, já que sites convivem lado a lado com blogs, redes sociais, entretenimento no YouTube e uma avalanche de conteúdos que se misturam como rizomas no solo. A sociedade está mudando, vivemos uma fase neobarroca e precisamos ter humildade para testar, experimentar e, principalmente, dialogar com o leitor. Como resultado final, as interpretações, análises, comentários e sugestões também assumem essa característica sinérgica para as empresas informativas, misturando algumas vezes gestão tecnológica, prestação de serviços com ofertas publicitárias etc.

Mas infelizmente, a internet não guarda apenas boas coberturas jornalísticas em sua rede de bits e bytes. Coberturas irresponsáveis, falta de checagem das informações que serão veiculadas na web e uma infinidade de outros erros primários são cometidos diariamente na imprensa digital brasileira. Vejamos, por exemplo, o que o jornalista e escritor Zuenir Ventura relatou durante entrevista ao site Revelação em setembro de 2002:

> *Revelação: O caso da Agência Estado, que noticiou a visita de um candidato presidencial à cidade de Palmas que não havia acontecido, é um acidente isolado ou um sintoma dessa sociedade veloz? [Nota: A visita constava da agenda do candidato mas foi cancelada à última hora. A repórter havia redigido um texto preliminar e enviado as informações. Por um erro técnico, o texto acabou publicado.]*
>
> *Zuenir Ventura: Acho que é um acidente. Mas nós, jornalistas, precisamos prestar muita atenção nisso. Por exemplo, eu já fui morto pela internet! A internet já me matou. Um site de notícias – aliás, do Estadão – botou no ar que eu tinha morrido. Isso foi uma coisa que, num primeiro momento, foi muito engraçada. Mas, enfim, obituários já estavam sendo feitos, colegas meus – até hoje têm uma raiva danada de mim por isso (risos) – estavam tomando sua cerveja no bar e foram chamados para fazer o meu perfil, já que eu havia morrido. Tudo isso foi até muito engraçado; mas, durante pelo menos duas horas, meu filho ficou com essa notícia. Eu não conseguia desmentir e ele ficou achando que eu tinha morrido. Eu tenho parentes em outros lugares, e isso foi para o rádio. Imagina se a minha irmã tivesse ouvido isso? Enfim, isso foi uma lição para todos nós. O que produziu isso? A correria! Aquela ânsia de um furar o outro. Como esse site tinha sido furado uns dias antes por um outro site – o da Folha – então realmente o repórter se precipitou. E isso ainda foi acontecer comigo, que sou uma figurinha de fácil apuração no Rio de Janeiro, sou conhecido no Rio. Pela notícia, o acidente de carro tinha acontecido ao meio-dia e eu tinha morrido às seis da tarde. Imagina, todo o Rio de Janeiro teria sabido, por causa da minha família, meus amigos. Eu trabalho em uma revista, em um jornal, meu filho trabalhava no Jornal do Brasil. Era uma coisa fácil de apurar. Se isso acontece com uma pessoa de fácil apuração, imagina com um cidadão menos exposto. Eu chamei muita atenção para isso na época. Foi uma lição. Adianta achar que o furo é um valor absoluto e supremo do jornalismo? Não é! O melhor furo é a qualidade.*

Em ambos os casos, o site da Agência Estado cometeu o mesmo erro gravíssimo: falta de checagem da informação apurada.

O jornalista Zuenir Ventura foi dado como morto. E no caso da ida de José Serra à cidade de Palmas, o site da agência alegou que teve problemas técnicos e subiu a nota errada noticiando a visita do então candidato à cidade, o que tinha sido cancelado em cima da hora. Checagem requer tempo, fontes e um faro jornalístico para desconfiar de tudo, mesmo que seja um *release* da assessoria de imprensa do comitê eleitoral do PSDB, por exemplo.

O repórter precisa ir atrás dos dados e confirmá-los antes de publicar na web ou em qualquer outro veículo jornalístico, seja televisivo, radiofônico ou impresso. Sentir-se obrigado a noticiar o fato antes do seu concorrente na internet torna-se uma camisa de força e muitas vezes ela pode se transformar na sua própria limitação intelectual. Fora a questão ética que está em jogo.

Outro fator importante e que gera mal-entendidos é a questão da internet como inimiga da literatura – esta que, segundo os sociólogos mais radicais, já sofreu um duro golpe da TV, no que diz respeito à diminuição do hábito de leitura. Para ilustrar meu ponto de vista, vou recorrer novamente a Zuenir, meu ex-colega de revista *Época* e um dos jornalistas mais perspicazes que tive o prazer de conhecer.

> *Revelação: Como avalia o impacto da internet na literatura?*

> *Zuenir: Essa história de que a televisão acabou com a literatura, o computador acabou com o livro, a internet acabou com não sei o quê, isso é uma constatação apocalíptica que não tem o menor sentido. Já que estou falando em apocalíptico, vou lembrar de Umberto Eco, que é um dos maiores homens de letras. Ele diz que a internet veio para salvar a palavra escrita. Se a televisão estava matando, a internet pode salvá-la. É um raciocínio interessantíssimo. Realmente, nunca se escreveu tanto como se escreve hoje. Eu não sei se estão escrevendo melhor, tem esse negócio dos e-mails, como vc, tc, tb [abreviações de você, teclar e também], mas a verdade é que estão escrevendo muito. E isso é bom, é melhor que não estar escrevendo como a geração anterior, antes da internet, que ficava diante da televisão.*

O ABANDONO DAS TEORIAS CLÁSSICAS DO JORNALISMO

O avanço dos sites de busca na última década do século XX – que passaram a agregar conteúdo e serviços como forma de atrair um maior número de leitores – contribuiu significativamente para o nascimento de uma geração de jornalistas que não consegue mais trabalhar sem o Google. A geração Y também está presente nas redações. São jovens que só fazem o que gostam. Esse "umbiguismo" não é, necessariamente, negativo. "Esses jovens estão aptos a desenvolver a autorrealização, algo que, até hoje, foi apenas um conceito", afirma Anderson Sant'Anna em entrevista para revista *Galileu* (disponível em: http://revistagalileu.globo.com/Revista/Galileu/0,,EDG87165-7943-219,00-GERACAO+Y.html). "Questionando o que é a realização pessoal e profissional e buscando agir de acordo com seus próprios interesses, os jovens estão levando a sociedade a um novo estágio, que será muito diferente do que conhecemos." Nessa etapa, "busca de significado" é a expressão que dá sentido às coisas. Uma pesquisa da Fundação Instituto de Administração (FIA/USP) realizada com cerca de 200 jovens de São Paulo revelou que 99% dos nascidos entre 1980 e 1993 só se mantêm envolvidos em atividades que gostam, e 96% acreditam que o objetivo do trabalho é a realização pessoal. Na questão "Que tipo de pessoa gostariam de ser?", a resposta "equilibrado entre vida profissional e pessoal" alcançou o topo, seguida de perto por "fazer o que gosta e dá prazer".

A geração Y participa de blogs, troca mensagens via Messenger (MSN) ou celular (SMS), além de e-mails, está presente nas comunidades virtuais estabelecidas em redes, como o Facebook, Orkut e Twitter. O Brasil começa 2010 com mais de 175 milhões de linhas de celulares segundo dados da Agência Nacional de Telecomunicações (Anatel).

O que podemos aprender com essas informações, é que as TICS (Tecnologias da Informação e Comunicação) mudaram a forma de comunicação, causando impacto na mídia tradicional e também no comportamento social da população. Não podemos deixar de assumir que a internet proporcionou um acesso à informação de maneira única. Achar o link mais interessante no cardápio de ofertas diárias do Twitter, seguir uma *tag* (#) e com isso fazer um protesto político ou ajudar um país que sofreu um terremoto ou inundação. A distinção fundamental que está em jogo é a de que a comunicação tem a ver com conteúdos e que a informação refere-se ao modo como os conteúdos entram em circulação, ou seja, na rede.

A partir de 1999, as empresas jornalísticas e as baseadas em parcerias com companhias internacionais de telefonia estrategicamente optaram por deixar de ter uma presença passiva na internet – com a simples reprodução do conteúdo impresso – para tornarem-se produtoras de informações. O que está em jogo é o futuro do fazer jornalístico. Como será o dia a dia de um repórter que não apura na rua sua matéria? Que não entrevista fisicamente, mas sabe rastrear por SMS na plataforma "wiki" Ushahidi qualquer terrorista ou traficante?

Se pensarmos que, segundo a pesquisa Gartner Group (de 2010), em 2015, 70% das aplicações de colaboração desenhadas para PCS serão remodeladas para se aproveitar das lições aprendidas com os usuários de aplicativos de *smartphone*, fica evidente que o uso do celular e de plataformas colaborativas viabilizadas por Wi-Fi serão a nova lauda do jornalista do século atual (dados disponíveis em: http://www.gartner.com/it/page.jsp?id=1293114). Durante o terremoto haitiano, no começo de 2010, por exemplo, o Ushahidi entrou em ação ajudando a localizar, por SMS, vítimas presas em escombros.

No Mobile World Congress de 2010, considerado a maior feira de telefonia do mundo, por onde passaram, de 15 a 18 de fevereiro em Barcelona, 47 mil pessoas de 182 países, a mídia social realmente foi a grande impulsionadora dos novos aplicativos móveis. Por exemplo, para Joe Belfiore, vice-presidente da área do Windows Phone na Microsoft, "um telefone não é um PC; eu amo o PC, mas o celular é um dispositivo muito mais íntimo".

Para se ter uma ideia da força dessa mídia mais íntima e próxima do usuário, em 2014, o e-mail deverá ser substituído pelas redes sociais dentro das empresas. A previsão é do Gartner, divulgada em fevereiro de 2010, que traçou cinco previsões sobre o uso dessa mídia dentro do ambiente corporativo:

1) Nos próximos anos, a maioria das companhias irá construir redes sociais internamente, permitindo que usuários usem contas pessoais no ambiente de negócio;

2) Em 2012, mais de 50% das empresas irão usar ferramentas de microblog como, por exemplo, o Twitter;

3) Em 2012, mais de 70% dos projetos de TI serão dominados por mídias sociais;

4) Em 2015, 70% das aplicações de colaboração desenhadas para PCs serão remodelados para se aproveitar das lições aprendidas com os usuários de aplicativos de *smartphone*;

5) Em 2015, apenas 25% das empresas utilizarão ferramentas de análise das redes sociais internas para melhorar o desempenho das organizações e a produtividade das equipes.

Para o alemão Gerd Leonhard, consultor em assuntos como conteúdo móvel, mercado de música digital e *copyright* para mais de quinze empresas de mídia (entre elas Google, BBC e Nokia) que esteve no Brasil em fevereiro de 2010 para um evento fechado sobre o futuro da comunicação e conversou com o Caderno Link de *O Estado de S. Paulo*: "O conteúdo será embutido nos contratos de serviço *mobile*, começando com música. Por exemplo, uma vez que seu telefone ou computador esteja on-line, muito do uso de conteúdo – baixado ou em *streaming* – será incluso. Pacotes e taxas únicas – muitas delas financiadas pela propaganda 2.0 – tornam-se o jeito principal de consumir e interagir com conteúdo."

A NARRATIVA JORNALÍSTICA NA SOCIEDADE "WIKI"

Como preparar o leitor para receber informações em diversos protocolos de leitura bem diferentes dos tradicionalmente conhecidos (aqueles com suporte concreto como o jornal, a revista, o livro, a TV)? "Após a contestada eleição de 2007 no Quênia, houve violência. A conhecida advogada e blogueira Ory Okolloh, que estava radicada na África do Sul, mas retornara ao seu país para votar e observar o pleito, recebeu ameaças por causa de seu trabalho e voltou ao exílio. Ela então colocou no ar a ideia de uma ferramenta de mapeamento pela internet, que permitisse que as pessoas relatassem anonimamente a violência e outros incidentes. Ases da tecnologia viram o post dela e construíram a plataforma web Ushahidi num fim de semana prolongado. O site recolhia relatos enviados por celular a respeito de distúrbios, refugiados retidos, estupros e mortes, e mapeava as localizações citadas pelos informantes", relata a reportagem "Humanitarismo 2.0", publicada em 22 de março de 2010 pelo jornal norte-americano *The New York Times*.

Vista por esse prisma, a narrativa jornalística não está fadada ao esquecimento com o envelhecimento da escrita, mas em constante processo de hibridização, o que exige do leitor um alto grau de conhecimento do ambiente digital, para depois conseguir imergir no virtual e controlar os formatos e as mensagens. Na minha opinião, o jornalista digital é o melhor profissional para editar, por exemplo, esses relatos extraídos da plataforma Ushahidi, durante o terremoto no Haiti, e passar para o leitor. A narrativa atual espelha uma tendência de época, em que o olhar humano faz um percurso frenético para tentar captar todas as possibilidades visuais oferecidas e, com isso, acabamos fazendo uma varredura do código visual pós-moderno.

Depois de 13 anos pesquisando a área digital, percebo que o momento atual pede uma profunda reflexão sobre o novo fazer profissional, ou seja, descobrir o que está acontecendo em todas as profissões ditas "antigas" como advocacia, medicina, engenharia, psiquiatria e, entre elas, o jornalismo. Acredito que o ensino de hipermídia e hipertexto, por exemplo, deveria permear todas as grades curriculares brasileiras, pois se torna ferramenta fundamental no processo social atual. Gosto muito do exemplo da Escola da Ponte, situada em Vila das Alves, norte de Portugal. Lá a escola procura imitar a vida. Trazer o dia a dia para ser problematizado em conjunto com as crianças. "Era preciso repensar a escola [...], a que existia não funcionava. Os professores precisavam mais de interrogações do que de certezas", diz José Pacheco, diretor da escola.

Apesar de a Escola da Ponte ser voltada para a alfabetização infantil, ela nos ajuda a repensar as escolas de Jornalismo. Para exemplificar esse repensar, citarei o Núcleo de Cultura Digital, criado em 2009 pela Secretaria de Estado da Comunicação do Governo do Estado de Sergipe, com o objetivo de ampliar os canais de relacionamento entre o Governo do Estado e a sociedade através das redes sociais on-line. O NCD é responsável pela postagem de um conteúdo mais analítico e opinativo, constantemente atualizado no blog e-sergipe.net, e também pelo monitoramento e diálogo com a opinião pública sobre questões relacionadas ao governo em diversas redes sociais como Twitter, Orkut, Facebook e YouTube.

Aos poucos, o trabalho de monitoramento da opinião produzida na web (não só nas redes sociais como em portais jornalísticos) foi conduzindo o governo até um contato mais direto com os cidadãos.

Esse modelo interativo de diálogo entre o governo e a população é inédito no estado e já tem apresentado um avanço no relacionamento com os cidadãos. O conteúdo vem sendo replicado por agências de notícias locais gerando rotatividade entre as redes e, principalmente, consolidando um canal eficaz e dinâmico de comunicação entre governo e população.

Até que ponto não vivemos, no Ocidente, desde Aristóteles, uma tradição cultural positivista que faz distinção o tempo todo entre teoria e prática, educação acadêmica e profissional, cérebro e emoção? Depois de dois séculos de ensino da práxis jornalística ancorada na dialética explicativa, proponho – após o advento da internet gráfica e depois de 14 anos de jornalismo on-line no Brasil – uma hermenêutica baseada na fenomenologia do filósofo Paul Ricoeur. Para ele, só a explicação é metódica, a compreensão se forma, se desenvolve com a explicação.

Ele utiliza a diferença entre linguagem e discurso para mostrar que, na escrita, as características do evento, a narração do fato, se perdem quando o texto ganha vida própria. Ricoeur chama isso de "mundo do texto". "Só a escrita, ao libertar-se, não apenas do seu autor, mas da estreiteza da situação dialogal, revela que o destino do discurso é projetar um mundo". Acredito que o hipertexto pode ser uma útil ferramenta para reconstruir a memória coletiva – esse mundo que o texto pode revelar de que nos fala Ricoeur –, uma memória fragmentada.

Estou interessada, como pesquisadora, na tríade "discurso-obra-escrita", que especifica Ricoeur, e em atualizá-la com o uso das novas tecnologias de informação – em especial, as formas hipertextuais – preenchendo uma lacuna dupla, seja em permitir o acesso à rede de informação, como também o acesso a arquivos pessoais ou coletivos, todos remixados, numa eterna bricolagem de narrativas, que podem ser textuais, imagéticas, audíveis ou sensoriais. Não é mais o mundo interior do autor que aflora no meio digital e nem a rede que invade os *mass media* tradicionais. Pois vivemos em uma era na qual não existe mais diferença entre espaço público e privado; basta lembrarmos da atual febre do YouTube, em que o cotidiano ganha a rede em vídeos com edições caseiras, no estilo faça você mesmo. Andy Warhol disse em 1968 que "no futuro, todo mundo será famoso por 15 minutos". O futuro chegou e o tempo limite dos vídeos do YouTube são 10 minutos. Remixamos o dia a dia sem perceber.

Saímos do mundo da sequencialidade para o mundo da associação, em que o ato de ler e clicar é a peça-chave para o sucesso ou fracasso da narrativa jornalística na web. Por exemplo, no livro *O jogo da amarelinha*, de 1963, Cortázar consegue envolver o leitor de tal forma que ele pode ler linearmente a história, seguindo a numeração normal das páginas, fazendo associações mentais ininterruptamente. Ou pelo caminho do "tabuleiro de direção", saltará, por exemplo, da página 82, para a página 126, chegando também nos mesmos personagens, por outro caminho. A hibridização sinestésica (segundo o *Dicionário Aurélio da língua portuguesa*, sinestesia é "a relação subjetiva que se estabelece espontaneamente entre uma percepção e outra que pertença ao domínio de um sentido diferente") deveria ser a busca atual dos jornalistas, pois devemos nos concentrar em reter a atenção do leitor, mesmo sabendo que essa tarefa tende ao fracasso, ou a um resultado irrisório, já que nosso leitor é um ser acostumado com a liberdade do *zapping* do controle remoto.

As técnicas figurativas numéricas não representam mais o real, mas sim utilizam as ciências para sintetizá-lo. Outra consequência das imagens numéricas, da transmissão de bits em vez de átomos, é a possibilidade de transporte instantâneo entre diferentes meios, de uma forma quase transparente para o usuário. Como ingerimos e deglutimos informação cada vez mais rapidamente, corremos o risco de criar uma compreensão superficial e uma ilusão cognitiva de que adquirimos conhecimento. E para compensar isso, somente as correlações associativas podem nos salvar, ou seja, permitir que o leitor consiga se aprofundar no tema.

A blogosfera está dobrando de tamanho a cada seis meses e meio. Ela está 60 vezes maior do que em 2003. Em média, um blog novo é criado a cada segundo na rede, o que somam 75 mil novos blogs por dia, perfazendo uma cifra gigantesca de 50 milhões de blogs monitorados, sendo 2% dos posts em língua portuguesa.

De 2000 em diante, a palavra blog foi incorporada ao nosso dia a dia e milhões de autores começaram a marcar seu território na blogosfera. Para comemorar a efervescência do formato, o site Dia do Blog (blogday.org) batizou o 31 de agosto como sendo o dia mundial do blog. Disponível em 15 idiomas, incluindo o português, o site procura manter a blogosfera em circulação constante.

Além de marcar presença, os blogs mudaram a percepção de informação, deslocando o interesse de muitos leitores para o palco virtual, o que antes era feito com a mídia impressa. Segundo a Escola de Jornalismo da Universidade de Columbia, nos Estados Unidos, e de acordo com o estudo *O estado da Imprensa* (*The State of the News Media*), as receitas publicitárias dos jornais norte-americanos deverão enfrentar um crescente processo de migração para outros meios, principalmente para a internet. Em 1984, cerca de 63,3 milhões de norte-americanos liam 1.688 jornais; em 2005, eram 45,2 milhões de leitores optando por 1.457 diários. Entre 1990 e 2005, a tiragem dos impressos nos EUA caiu 15%. Enquanto isso, a blogosfera cresce em progressão geométrica.

No Brasil, por exemplo, a cobertura política das eleições de 2010 será monitorada pelos blogs, principalmente o Twitter. A participação desses leitores em busca de informações políticas, culturais ou prestação de serviço começa a se misturar com o chamado jornalismo cidadão. A CNN, por exemplo, lançou, em agosto de 2006, um canal específico para incentivar a participação de leitores que se disponham a escrever matérias, enviar fotografias e vídeos. O CNN Exchange é a tão sonhada fusão entre o jornalismo profissional e o cidadão. Ao ler manchetes e reportagens, aparece um ícone que indica ao leitor que há textos ou conteúdo disponível no Exchange sobre aquele assunto. Já o espaço Backstage BBC, um coletivo para experimentação e troca de informações, tenta incentivar e dar suporte ao jornalismo cidadão, incentivando *designers*, leitores e desenvolvedores a enviarem suas produções para a comunidade BBC.

É importante explicar as diferenças entre os tipos de edição que encontramos nos blogs. Temos dois tipos de autores: os considerados produtores de conteúdo – que produzem textos inéditos – e os rastreadores de conteúdo – aqueles que indicam coisas que já leram na web. Todos que indico em seguida pertencem ao primeiro grupo. Rosana Hermann, autora do blog *Querido Leitor* é um exemplo de blogueira de sucesso, tanto no R7, portal da Record, como nos posts no *microblogging* Twitter. O jornalista Ricardo Noblat, ex-diretor de redação do *Correio Braziliense*, também conseguiu notoriedade no ambiente digital. A audiência de seu blog – voltado para a cobertura da cena política brasileira – foi tão grande no portal iG, que seu passe foi comprado pelo portal Globo.com. No rastro de Noblat vieram os jornalistas da *Folha de*

S.Paulo Josias de Souza e Fernando Rodrigues. Glenn Reynolds, do *Instapundit*, um dos blogs políticos de maior sucesso nos EUA, também ganhou notoriedade no ambiente digital.

Já o jornalista norte-americano Jeff Jarvis criou um blog para colocar a boca no trombone. Comprador de um *laptop* da marca Dell, Jarvis percebeu que o micro estava com defeito e tentou de todas as maneiras ser ouvido pela empresa. Cansado dos problemas com o telemarketing, criou o blog Buzzmachine.com e rapidamente a história do "Dell Hell" se espalhou pelo mundo, obrigando a companhia a rever sua política de atendimento ao consumidor.

Segundo Bernardo Kucinski, "na internet, o ato de escrever ganhou um componente mais lúdico, o que o faz mais prazeroso". O lúdico do esporte, por exemplo, pode ser encontrado diariamente nos blogs de jornalismo esportivo. Na Copa do Mundo de 2006 não faltaram blogs de jogadores, jornalistas, comentaristas esportivos, preparadores físicos etc. Os blogs dos jogadores brasileiros restringiram a cobertura esportiva a temas como o treinamento diário, a concentração, os bastidores, o clima na Alemanha, enfim, um verdadeiro *reality show* do mundo das estrelas do futebol nacional. O post abaixo reforça o que nos ensina Kucinski.

No dia 13 de junho de 2006, Juca Kfouri publicou em seu blog:

> *Alguma coisa acontece nas chuteiras desta Copa do Mundo.*
> *Bolhas em Ronaldo, Figo (ambos com a Mercurial... Cromo) e Gerrard (Adidas).*
> *Além do mais, o que os jogadores estão escorregando é coisa de louco, sem que se possa atribuir aos gramados.*

Cora Rónai, jornalista e editora do caderno de tecnologia do jornal *O Globo*, publicou, em 3 de julho de 2006, o seguinte texto em seu blog *internETC*.

> *Querido Diário,*
> *Ontem foi um longo dia. Havia muita coisa para assimilar, fazer, decidir; a principal de todas era saber o destino que o jornal daria ao caderno da Copa. Era certo que ele continuaria até o fim dos jogos – afinal, não é o caderno da seleção – mas quais seriam as novas diretrizes em tempos de derrota?*
> *Pois ficou assim: obviamente, o caderno será reduzido. Com isso, dançaram as colunas "não futebol", ou seja, a minha e a do Xexéo; e a cobertura ao vivo, daqui, cai pela metade [...].*

Podemos perceber, nos dois exemplos citados anteriormente, de Juca Kfouri e Cora Rónai, que os jornalistas que blogam conseguem dialogar com o leitor, dividir sensações e experiências.

O segmento de turismo também aderiu ao formato. Hoje, antes de viajar, por exemplo, para Paris, o interessado em conhecer o velho continente, além de pesquisar no site do hotel que deseja se hospedar, também pode recorrer aos blogs que falam sobre o bairro onde ficará, vídeos afins no YouTube, enfim, uma edição *à la carte* do fato. Em 2010, o *Wall Street Journal* passou a vender pacotes de viagem de olho nesse filão de leitores blogueiros. Com o lançamento do site WSJTravel, o veículo expande sua marca para novo ramo.

REHAB DIGITAL

Bem-vindo ao Jornalismo transmidiático

O efeito transformador da comunicação por meio da tecnologia atingiu um patamar sem igual desde a popularização da internet. O impacto que a web – e suas inúmeras possibilidades neobarrocas de convivência – causou na maneira como pessoas, empresas e instituições passaram a se relacionar desperta reflexões e indagações incessantes, pois vivemos em uma era em que a mídia social engoliu a comunicação digital. Não posso deixar de lembrar Glauco Villas Boas, assassinado em 12 de março de 2010, como um eterno *punk* e o primeiro a me mostrar que sem humor não conseguimos transmitir nenhuma mensagem. Glauco também responsável pela minha iniciação e paixão por HQ.

Nunca vou esquecer a garota falante de nove anos fascinada com a tirinha do cartunista no Salão do Humor de Piracicaba em 1977. Sim, eu morava em Piracicaba e descobri o poder da HQ em três desenhos de Glauco sobre a censura. Não queria ir embora do salão e ficava indagando a meus pais sobre o que fazia um censor e eles desconversavam com maestria. Segui-os perguntando e perguntando até o Fusca bege de meu pai. Voltei contrariada para casa.

A imagem veio nítida e colorida em formato de sonho nesta madrugada. Deito e acordo pensando na melhor maneira de atualizar *Jornalismo Digital*, já que em sete anos de jornalismo digital tudo virou de cabeça para baixo. Eu me sinto como a personagem Pollyanna, de Eleanor Porter, escritora norte-americana que viveu a modernidade das primeiras décadas do século XX (1868-1920), produziu novelas incríveis como *A decisão de Miss Billy*, mas ficou conhecida mundialmente pela novela *Pollyanna*. Demorei a perceber que a garotinha ruiva com sardas, incapaz de desistir dos sonhos e sempre em busca de aventura, sou eu. Nunca me contentei com respostas prontas e funcionalistas. Sempre fui mestiça. Acredito na comunicação mestiça e sem hierarquias.

Minha mãe dizia que passou a gravidez relendo *Pollyanna* e desejando que a filha também fosse uma eterna jogadora de contente, um jogo que vicia. Ao conhecer Boston, pela primeira vez, Pollyanna diz: "se eu pudesse levar um pedaço de Boston para Beldingsville, para 'ter qualquer coisa' para ver no próximo verão! Cidades não são como tortas de maçã com açucarado por cima que a gente possa partir em pedaços e guardar – e nem com tortas a gente pode fazer isso, porque azedam e o açucarado mela. Por isso, quero ver tudo quanto seja possível enquanto estou aqui. Ao inverso dos que para conhecer o mundo começam com o que está mais longe, Pollyanna começou a ver Boston pelo mais à mão". Jornalismo digital é isso. É olhar de perto, pelo buraco da fechadura, com sinestesia. Por isso este capítulo homenageia Amy Winehouse, uma judia londrina, magrinha e com uma voz de diva do jazz de Nova Orleans. Amy consegue ser uma artista remixada. Ou seja, a cara do século XXI. Às vezes parece roqueira, com suas tatuagens ou mesmo uma diva *punk*, saída dos anos 70.

Jornalismo digital pressupõe curiosidade, senso aguçado de ética, mestiçagem, humor, um escutar, mais do que falar, um compartilhar visceral, orgânico. Esqueça as fórmulas funcionalistas, as pesquisas sobre *target*, público alvo, lide, perfil social dos leitores, marketing, comunicação interna, entre tantas outras expressões do século XX. Graças a Deus o taylorismo, teoria criada pelo engenheiro americano Frederick W. Taylor (1856-1915), que previa que os trabalhadores nas indústrias deveriam ser organizados de forma hierarquizada e sistematizada, gerando maior produtividade, está obsoleto. No século atual todo mundo tem um lado açucarado como *Pollyanna* e uma irreverência *punk* de Glauco e Amy Winehouse.

Em seu artigo "Personagens eram livres de repressão", publicado na *Folha de S.Paulo*, em 13 de março de 2010, Matinas Suzuki Jr., começa o bate-papo sobre Glauco com uma pergunta para os leitores: "Como explicar o sucesso instantâneo obtido por uma garota em estado de ressaca permanente, por um cara que só pensava em transar com a mãe e por um casal em frequente exposição ao adultério recíproco? De certa forma, eles eram os filhos de anti-heróis [...] Angeli e Glauco renovaram para a nova geração de jornalistas que chegava à *Folha* a lição de que é impossível se fazer bom jornalismo sem humor."

Rê Bordosa, Geraldão e Dona Marta têm muito a nos ensinar. Aliás, nessa fase transmidiática do jornalismo digital, a disciplina de HQ deveria ser obrigatória nos currículos das faculdades de Jornalismo. Tive a felicidade de ter discussões sobre a sétima arte no cineclube do Bixiga, em São Paulo, durante o curso de Jornalismo da PUC-SP na década de 80. Não existiam Twitter, Facebook, Orkut, Last.fm, mas tínhamos os fanzines, as tirinhas de Laerte, Angeli e Glauco. Tínhamos a irreverência pop de Andy Warhol.

Realmente falta "pegada" pop no jornalismo. A mídia social é pop. Não adianta ter um portal funcionalista e daí criar um perfil da editoria no Facebook, ou achar que domina o mundo das redes sociais porque publica automaticamente todos os links da home page no Twitter do canal. Isso é dar um tiro no pé. *Rehab* digital pressupõe estudar a geração Y a fundo. A convergência está em toda parte. Nos últimos dois meses, foram enviados mais vídeos ao YouTube, do que se juntássemos o material da ABC, NBC e CBS, com conteúdos 24 horas por dia desde a data da fundação da ABC em 1948.

Os dez empregos com maiores procuras em 2010 não existiam em 2004. Um entre quatro trabalhadores está em seu emprego há menos de um ano. Se o MySpace fosse um país (com seus mais de 400 milhões de usuários cadastrados), ele estaria entre os cinco maiores do mundo. 95% de todas as músicas baixadas na internet não foram pagas. Esses números impressionantes podem ser conferidos na excelente série de vídeos *Did you know!*, disponíveis no YouTube.

Estima-se que em uma semana, o *The New York Times* contenha mais informações do que todo o conhecimento que uma pessoa do século XVIII adquiriu em toda sua vida. Pois bem: se tudo isso parece muito assustador, eu te convido para conhecer o Google Wave, uma ferramenta que possibilita ao usuário e a seus colaboradores criarem e recriarem seus conteúdos em tempo real. Difícil de entender? Se seu leitor já consegue dominar o Twitter (segunda rede social em número de usuários brasileiros, perdendo apenas para o Orkut, no início de 2010) e reeditar notícias, obras literárias, manifestações políticas e sociais, pensamentos e até marcas em menos de 140 caracteres, o que faremos com um colaborador ciberativista no Google Wave? Você está preparado para dialogar com esse leitor?

Para a relações públicas Denise Monteiro, coordenadora da pós-graduação em Planejamento e Organização de Eventos na FAAP, a melhor maneira de entender esse leitor remixado é pensar na "expressão 'propaganda de margarina'. É sinônimo de lar perfeito, não sabemos de quem seria esse ninho, mas ele é perfeito. Talvez fosse da Cinderela com seu príncipe, 'foram felizes para sempre'. Ah, como seria bom viver num comercial de margarina", diz Monteiro, lembrando que recentemente a Sadia, através da marca Qualy, em campanha criada pela DPZ, provou que é possível fazer um excelente trabalho com a realidade da vida. De forma leve e bem-humorada, um dos anúncios aborda uma mãe apresentando o novo namorado para o filho, que incorpora o "homem da casa". "Essa campanha indica um modelo mais atual de família, aquela que tem problemas, mas os encara e segue em frente, tudo dentro da normalidade. Estabelecendo afinidade, a marca se aproxima mais do consumidor, que se identifica com o produto. Comunicação bem feita, usa a verdade como estratégia", acrescenta Monteiro.

Jornalismo on-line transmidiático é isso. Aprender a ser um bom descobridor de histórias, capaz de encontrar pautas no dia a dia caótico da sociedade informacional em que vivemos. A jornalista e pesquisadora Selma Santa Cruz brilhantemente diz na sua dissertação de mestrado, defendida em 2010 na ECA-USP, que estamos vivendo uma fase de transe da comunicação, gerando um "jornalismo poroso". Termino este capítulo com um trecho da pesquisa, batizada com o título "Comunicação e organizações na sociedade em rede – Novas tensões, mediações e paradigmas":

> *Para os navegantes que se lançavam ao mar no século XVI, o horizonte era uma fronteira a desbravar: "Quando chegavam aos limites do mundo conhecido, os cartógrafos da Idade Média escreviam: Alerta, para além deste ponto está o território dos perigos e dragões (MANCHESTER, 1993, p. 27)." Ao romper os limites do mundo conhecido, superando limitações e adversidades, esses exploradores revolucionaram para sempre noções milenares de espaço e tempo. Ajudaram a inaugurar uma nova era, a modernidade, e um novo pensamento, que já vinha em gestação, nas ciências e nas artes, no contexto do Renascimento. Cinco séculos depois, e talvez não por acaso, a navegação é a metáfora a que recorremos para adentrar um território igualmente inexplorado e radicalmente diverso de tudo o que vivenciamos antes: o mundo virtual do ciberespaço e da interação em rede, que nos impele a uma nova revisão radical das lógicas, cartografias, espacialidades e temporalidades em que nos ancoramos até o presente.*

CAPÍTULO V

Cases

TERRA, FRUTO DA TECNOLOGIA

O Terra é um dos principais portais brasileiros, originário de uma companhia de mídia regional, a Rede Brasil Sul (RBS), e da compra, em 1996, da Nutec, empresa de provimento de acesso. A partir dessa data, o portal passou a ser conhecido como ZAZ, nome escolhido pela diretora de desenvolvimento de mercado, mídia e corporativo da região latino-americana, Sandra Pecis, que, naquele mesmo ano, deixou o cargo de editora do caderno de informática do jornal *Zero Hora* para ajudar a fundar o portal.

Escolhi o case do Terra porque não podemos negar a magnitude dos seus fundadores que, a partir de um médio provedor nacional, conseguiram vender seu conteúdo e *expertise* para a Telefônica, na mais benfeita negociação que a web brasileira presenciou antes do final do milênio.

Por mais de dois anos, a Nutec hospedou os servidores web de várias empresas médias e grandes do mercado nacional. Empresas de mídia, detentoras de sites de conteúdo, como a Agência Estado, mantiveram por alguns anos seus servidores instalados fisicamente e administrados pela Nutec.

A aquisição de conteúdo externo ao mesmo tempo que se criava uma redação local, mas com abrangência nacional, foram as duas grandes estratégias adotadas pelo ZAZ para rechear as páginas do portal com conteúdo jornalístico.

A maior dificuldade do Terra em relação ao concorrente UOL, mesmo se olharmos para o primeiro ano de existência dos dois portais, 1996, era a produção de conteúdo, já que ele não podia contar com uma empresa de mídia nacional fornecendo notícias, como no caso da *Folha de S.Paulo*. Essa missão da empresa em ser a melhor em acesso à internet e a melhor em provimento de linhas telefônicas fez o ZAZ tornar-se, depois da venda do seu controle acionário para o grupo espanhol Telefônica, o maior portal de língua espanhola do mundo.

Batizado de Terra, o portal evoluiu muito em matéria de produção própria de conteúdo e também com parcerias de fornecimento de conteúdo. Em 2000, foi inaugurado um estúdio para transmissões de notícias e entrevistas via internet, ancoradas por Lilian Witte Fibe, um nome muito conhecido do jornalismo televisivo. "Sempre acreditamos numa web provida de multivelocidade. Mas, como toda nova mídia, sabemos que existe um tempo de maturação, por isso adequamos as velocidades de transmissão de acordo com a disponibilidade de banda do internauta. Em banda larga procuramos focar o conteúdo jornalístico e de entretenimento, sem esquecer dos serviços como álbum de fotos, disco virtual e toda uma área de *downloads* de programas", lembra Sandra Pecis. O Terra compra noticiário das agências Reuters, EFE, AFP, AP, entre outras. "A gente sabe que o que vende em uma revista é a capa. Ela é o determinante. A vantagem de uma revista é que o leitor pega o produto na mão, folheia e consegue procurar o conteúdo que ele deseja. Na internet, o usuário também precisa se acostumar com a página, encontrar o que precisa disposto sempre no mesmo lugar."

A INOVADORA *ÉPOCA ON-LINE*

Meu primeiro contato com a redação de *Época On-line* foi numa reunião com o então diretor de redação, José Roberto Nassar. Na espaçosa sala retangular, encontro um homem grisalho de óculos grandes que fumava sem parar. Eu havia sido chamada para uma entrevista para o cargo de editora do site da revista. Logo após contar minha experiência profissional, acertar cargo e salário, percebi que ganhava um filho em gestação. Eu explico: durante os cinquenta minutos de conversa entre eu, Nassar e Jorge Meditsch, editor-executivo e meu chefe imediato na hierarquia da revista, percebi que estávamos no começo de fevereiro e a versão eletrônica da revista precisaria ser lançada três meses depois, junto com a versão impressa em data marcada para 22 de maio de 1998.

A urgência devia-se a um fato que ficou marcado na minha memória. "Doutor Roberto quer que a revista nasça com sua versão on-line no ar", disse Nassar. O visionário Roberto Marinho, homem que praticamente criou a TV brasileira, desejava que sua primeira revista semanal nascesse já ""antenada"" com o século XXI. Nas primeiras folheadas nos números zeros – exemplares produzidos semanalmente, antes do lançamento, por um exército de repórteres, fotógrafos, editores, diagramadores etc. – percebi que o projeto gráfico, adaptado da parceira alemã *Focus*, trazia muitos hipertextos, textos curtos, infográficos e uma linguagem quase que não linear às reportagens. Era perfeito: a revista já nascia com a linguagem da web impregnada no papel.

Das primeiras reuniões com o pessoal do CPD – Centro de Processamento de Dados – surgiram grandes inquietações. Como converter automaticamente as reportagens feitas em QuarkXPress, software de diagramação para mídia impressa, em texto web? Quem iria tratar as milhares de fotos em alta resolução para formatos aceitáveis em 72 dpi (máxima resolução suportada pela internet)? Como criar um fluxo de fechamento que acompanhasse o espelho (planilha com os cadernos e suas editorias)? Fora tudo isso, Nassar insistia que talvez não fosse necessário montar uma editoria on-line; que talvez pudéssemos trabalhar como *freelancers* em casa. Afinal, a web veio para quebrar as barreiras geográficas.

Para garantir o lançamento da versão on-line da revista, a Editora Globo, que tinha seus servidores de e-mail e web hospedados na Nutec – vale lembrar que não existia o Terra, futuro portal que incorporou o ZAZ e a Nutec, e muito menos o Globo.com, portal que engloba todos os produtos das Organizações Globo –, contratou os serviços de *web design* e programação web do StudioWeb, divisão gráfica da Nutec.

Muitos Zip drives (unidade de armazenamento de imagens) foram consumidos em idas e vindas de imagens da redação de *Época* para o StudioWeb, onde eram submetidas a testes de formato e peso. Enquanto os dias eram absorvidos rapidamente, minha cabeça fervilhava pensando em como faria para tornar o site de *Época* atraente, como iria fazer o leitor voltar e voltar. Eu sabia que não poderíamos ter apenas uma atualização semanal, pois iríamos ter picos de audiência no sábado, quando uma nova revista chegasse às bancas, e na terça-feira o site estaria morto.

Estava munida da minha experiência web, que vinha desde 1994, e também com as recentes descobertas feitas no vale do Silício, na Califórnia, onde morei em 1997 e pude perceber *in-loco* que o mercado editorial norte-americano estava se armando para o estouro da mídia on-line em 1999 e 2000. Exemplos como o site da *Time*, que já se aventurava a trazer um conteúdo diário de notícias, muitas delas suítes (desdobramentos) de matérias da revista impressa, e o da rede CNN, que havia acabado de inaugurar sua página com noticiário, entretenimento e resenha dos principais programas, me faziam refletir sobre a necessidade da *Época* ter um noticiário diário, abrangendo as principais editorias da revista (Brasil, Sociedade, Cultura, Mundo e Economia).

Meditsch sempre me questionava sobre os concorrentes nacionais e, depois de passar duas semanas imersa em pesquisas sobre as perspectivas web de *Veja* e *IstoÉ*, fui categórica: temos que ser a primeira revista nacional de grande tiragem a trazer um conteúdo diário e aberto (grátis) ao leitor brasileiro. Minha ideia foi comprada, mas com a ressalva de que eu ganharia apenas um repórter. Se eu desse conta do recado, o novo formato não pararia mais. Era um risco que tinha que correr.

Existe um ditado na web que diz que trabalhamos 7x24. Ou seja, sete dias por semana, durante 24 horas. Fui entender o que isso significava na prática, virando noites e noites para atualizar o site de *Época*. Descobri que nem as agências noticiosas estavam preparadas para a internet em 1998. Tanto a Agência Globo, da casa, como as agências Folha e Estado produziam um noticiário para ajudar os pauteiros dos veículos impressos.

Contratei um repórter e enquanto ele produzia noticiário diário, lido apenas pelos envolvidos no processo editorial durante a fase de teste, eu passava dias e noites surfando na net, procurando respostas, ideias e links – além dos testes diários que eu fazia com a equipe de arte da revista. Testávamos o logotipo para ver se teríamos resolução em tamanho minúsculo; como chegar ao azul de *Época* visualizando-o na tela do monitor. Problemas enormes que uma jornalista como eu começou a descobrir na prática.

Como explicar para um diagramador que veio da *Veja*, trabalhou nas principais revistas, que não podemos ter sombra na web, que a cor precisa ser "chapada", sem *dégradé*, para poder carregar rápido e dar uma boa leitura?

Além do noticiário, o que faríamos com o conteúdo da revista? Ele precisava entrar a partir do número um e toda semana o conteúdo antigo abasteceria um banco de dados com as edições anteriores. Estávamos começando do zero o maior arquivo de notícias que o Cedoc (Centro de Documentação) da editora iria ter em três anos, todo acessado via web – material este que passou a servir de fonte de pesquisa para os jornalistas, principalmente os correspondentes e os colegas das sucursais.

Resolvemos colocar a revista integralmente na internet e aberta para consulta. Até a seção de cartas seria inaugurada e receberia as sugestões, reclamações e elogios via e-mail. No Sumário da revista as @ (arrobas) indicavam as matérias que o leitor encontraria na internet no sábado. A escolha das matérias mais significativas da edição era feita juntamente com o diretor de redação de *Época*. As demais subiam nas segundas-feiras.

Já estávamos em abril e nada da versão final do site ficar pronta. Descobri a duras penas que o StudioWeb era ótimo para produzir o site do *Unibanco*, de empresas do ramo têxtil e de telefonia, mas que eles não tinham a velocidade necessária para aguentar o "tranco" de uma revista semanal com 150 páginas. Resolvemos trazer o StudioWeb para dentro da redação. Lembro-me como se fosse hoje dos *designers* que trouxeram a foto da namorada para ficar ao lado do micro, da toalha que servia para enxugar o suor do rosto, dos livros de linguagem Linux e Perl que se misturavam a revistas da *Turma da Mônica* e outros objetos de uso pessoal que foram trazidos para transformar a grande bancada de fórmica em residência. Parecia que o trabalho jamais chegaria ao fim.

Nunca vou esquecer os colegas de redação que passavam e olhavam com uma pergunta que não chegava a ser formulada, mas que no fundo dizia: que povo esquisito, que tanto eles fazem nessa mesa instalada, às pressas, quase que no colo das meninas da editoria de Sociedade? O resultado foi plenamente favorável. Conseguimos, faltando apenas vinte minutos para a cerimônia de lançamento de *Época,* colocar o site da revista no ar para o mundo e, principalmente, para o dr. Roberto.

Lembro que tinha virado duas noites seguidas sem ir para casa tomar banho, dormir e ver meus filhos. No dia da festa, as editoras da revista saíram mais cedo para o cabeleireiro e nós, do on-line, como éramos chamados – muitas vezes confundidos com o pessoal da informática e inquiridos por um jornalista a dar um jeito no micro que estava com vírus –, só tivemos tempo de lavar o rosto, pegar a roupa de festa há dois dias no carro, trocar o figurino, passar um corretivo nas olheiras e correr para pegar o início da festa no prédio da Bienal, no Parque do Ibirapuera, em São Paulo.

Fomos a primeira revista semanal a colocar sua página na internet com noticiário diário. Fomos os primeiros a unir as mídias impressa e digital e colocar na manchete de capa da revista o título "Leia e Ouça", sobre o escândalo do BNDES, isso no segundo semestre de 1998. Arrojo este que nos concedeu matéria de meia página no jornal francês *Le Monde* e comentário de um quarto de página na coluna do Ombudsman da *Folha de S.Paulo. Época On-line* logo firmou sua marca. No final de 1998 tínhamos conteúdo jornalístico on-line próprio, setecentos mil leitores por mês, vinte a trinta reportagens diárias – redigidas na redação digital –, mais de 1.500 páginas no banco de dados, imagens, infográficos e um enfoque totalmente voltado à prestação de serviços, o que fez de *Época On-line* uma referência em transposição de mídias.

Depois não paramos mais. A cada nova descoberta exclusiva da redação, íamos nós, a redação on-line, produzir e capturar os arquivos de áudio. Lembro até hoje dos gritos de socorro dos torturados do AI-5 que pusemos no ar. Ganhamos o Oscar da internet, o iBest 2000, como melhor site de revista e notícias da web brasileira. Só em 2000 o site da *Veja*, principal concorrente de *Época On-line*, resolveu mudar o layout, montar uma equipe própria e investir no noticiário digital – com todas as complementações e formatos que a mídia exige.

O novo milênio começou com os portais a todo vapor; já tínhamos um ano de internet grátis no Brasil e o Globo.com entrou na disputa pela liderança de audiência. Nesse cenário, *Época On-line* passou, como todos os sites da Editora Globo, a tomar novos rumos. Com o apagão e o ataque terrorista de 11 de setembro de 2001 nos Estados Unidos, a mídia brasileira, como todos os outros setores da economia, sofreu graves cortes em função da falta de retorno financeiro. Nesse contexto, os sites também passaram por reestruturações, muitas delas feitas apenas pela óptica do lucro rápido, que começa gerar pouco investimento em conteúdo e em jornalistas e profissionais técnicos como, por exemplo, *webmasters* e *web designers*.

Os sites de revistas retrocederam três anos em matéria de qualidade tecnológica e editorial. Vou mais longe: toda a internet mundial sofreu um retrocesso. O ano de 2002 não acrescentou nada novo ao que era feito em 1999. Regredimos em *design*, em arquitetura da informação e, principalmente, em *crossmedia*. Todos os avanços para oferecer a perfeita integração multimídia às reportagens foram deixados de lado.

Volto ao site de *Época* em janeiro de 2003 e me deparo com outro produto. Um veículo voltado para a captação de assinaturas e com um projeto editorial que traz, por exemplo, na seção Conteúdo, a rubrica Noticiário On-line que publica, com pequena edição, reportagens do jornal *Diário de S. Paulo*. Já no Canal Turismo, aparecem notas e recortes de reportagens que já foram publicadas na revista impressa. No Sumário do site aparecem vários avisos como este: "As reportagens indicadas com este símbolo [ícone de um livro aberto] estão disponíveis exclusivamente na edição impressa de *Época*. Clique para assinar."

A busca por palavra-chave ou por expressões não existe mais; as edições anteriores vão apenas até a 213, de junho de 2002. O que fizeram com as edições de 1998 a maio de 2002? Elas não são mais interessantes para o leitor? Por que apagar a história da revista? Já estava pronto e publicado na internet. Fui também dar uma olhada no expediente da revista, aquela seção só desperta o interesse dos jornalistas. A unidade on-line da Editora Globo tem um diretor, duas repórteres e um *webmaster*. Quatro funcionários que atualizam e mantêm 11 sites no ar: *Época, Quem, Marie Claire,* PEGN, *Globo Rural, Criativa, Autoesporte, Galileu, Casa e Jardim, Crescer* e *Infantis*. Na minha gestão como diretora da unidade, a mesma atualização consumia dez horas diárias de dez pessoas.

Éramos 24 funcionários, entre editores, *webmasters, designers*, estagiários etc. E eu sempre brigava por mais funcionários, pois queria produzir mais *hot sites* e produtos sob medida.

Conteúdo on-line hipermidiático só é feito com mão de obra humana. E não é qualquer mão de obra, pois para ter noções de edição não linear, cruzamento de mídias e perfeito casamento da atualização on-line e o produto mãe, em papel, é preciso ter um *background* cultural, histórico e editorial.

A *Época On-line* de 2003 estava em perfeita adequação com o mercado web daquele ano – usando o meio digital para captar assinantes para o produto impresso e servir de vitrine editorial. O aprofundamento da notícia por meio de hipertextos, atualização permanente, convergência de conteúdos e formatos e a possibilidade de personalização do noticiário são vantagens do jornalismo digital, recurso pouco ou quase nada explorado neste momento pelos sites nacionais de revistas.

Que saudade das 32 horas debruçadas na transcrição, edição e compactação de arquivos para colocar no ar a capa "Leia e Ouça". Acredito que esse tempo possa voltar, mas com certeza o comando dos departamentos on-line, hoje nas mãos de administradores de empresa, publicitários e homens de marketing, também precisava retornar para as mãos dos jornalistas. A existência de fato de um jornalismo digital, que aproveita plenamente as vantagens da mídia, acredito, que num curto espaço de tempo, vivenciaremos uma competição maior dos veículos tradicionais com as redes sociais.

O trabalho on-line é realmente excitante, pois exige que o jornalista pense na informação em toda sua cadeia. Você redige o texto, edita, acrescenta ao banco de dados geográfico o novo endereço da sala de cinema em questão, oferece um serviço de compra de tíquetes etc. Estamos falando em pensar a informação em toda a sua plenitude. É como se um repórter do caderno de Cultura de um jornal também fosse o repórter de trânsito e ao mesmo tempo o gerente publicitário – profissional responsável, por exemplo, por fechar um acordo entre a operadora de cartão de crédito e a empresa que detém a sala de cinema em questão.

Acredito, como outros pensadores que se debruçam sobre o tema, numa aposta favorável ao desenvolvimento do jornalismo digital, mas aproveito o livro para dizer que sinto falta de profissionais mais experientes, mais velhos (a idade média de jornalistas na web é 22 anos) trabalhando na internet, pessoas que tragam para o mundo on-line toda uma bagagem cultural e histórica tão necessária para a confecção de hipertextos. Mas não acredito que esse mal-estar dure muito, pois a saída de quem realmente não tinha nada a ver com a internet e estava no meio apenas como um investidor em busca de lucro, já passou. Vivemos agora um momento de incubação, ou seja, estamos quietos para absorver o novo, assimilar e promover as mudanças de que a mídia digital carece. E, mesmo que me chamem de corporativista, afirmo que não vejo outro profissional mais qualificado do que o jornalista para descobrir esse novo modelo de atuação na rede. Jornalismo on-line não se limita a interpretar e noticiar os fatos, mas também permite o acesso a fontes de informações jamais imaginadas numa leitura tradicional.

Se olhar para trás, percebo que foi por tudo isso que este livro existe. No final dos anos 90 eu acreditava que a informação, disponível na área World Wide Web da internet, derrubaria a audiência da televisão, a circulação dos jornais e modificaria a própria concepção da notícia, já que podemos ler reportagens tanto no papel quanto na tela do micro ou da TV, graças à versão on-line dos jornais e revistas. Ainda acredito nisso, só acho que nos anos 90 não estávamos preparados para a hipermídia, como também não estávamos em 2003 – ano da primeira edição de *Jornalismo digital* –, mas penso que agora em 2010 estamos formando melhores jornalistas digitais, mais integrados com a multiplicidade dos signos gráficos, sonoros e textuais.

GLOSSÁRIO

Entenda o jargão da internet

Antialias. Recurso usado para suavizar o contorno de imagens reduzindo o efeito serrilhado apresentado em determinados casos.

Árvore de documentos. Descrição da coleção de todos os diretórios sob a raiz de documentos, com todos os documentos que cada um desses diretórios contém.

B2B (Business-to-Business). Modalidade de comércio eletrônico realizado apenas entre empresas. Outra modalidade é o B2C (Business-to-Consumer) que é realizado entre uma empresa e consumidores finais.

Backbone (espinha dorsal). Principal via de interligação de sub-redes da internet. Por exemplo, no Brasil, a Fapesp se interliga diretamente aos Estados Unidos.

Banda Larga. (Broadband). É uma conexão que permite transmitir, em alta velocidade, grandes quantidades de arquivos na rede.

Blog. Diários on-line. Criados em 1999, os blogs ganharam adeptos em todo o mundo, sendo, atualmente, o www.wordpress.com o principal expoente do movimento.

Branding. É a familiarização de um grupo de usuários com um produto ou com uma empresa e a associação da marca do anunciante com um conjunto particular de valores.

Browser (navegador). Programa utilizado para visualizar páginas web. Internet Explorer e Mozilla Firefox são exemplos de navegadores.

CGI *(Common Gateway Interface).* Padrão de regras para executar programas externos num servidor de páginas.

Cliente-servidor (client-server). É um relacionamento entre programas executados em máquinas separadas numa rede de computadores. Uma estação de trabalho local (o cliente) usa serviços prestados por um computador remoto (o servidor).

Clustering. É um processo de agrupamento de dados baseado em complexos relacionamentos de afinidades. O sistema analisa registros que contêm vários campos como identificação do cliente, local, itens comprados, gasto médio, frequência de compras etc., procurando por conjuntos de dados similares. Quanto mais vezes o sistema analisa os registros, melhores são agrupados os dados em conjuntos com características semelhantes.

Conteúdo. É a informação disponibilizada pelos sites aos seus leitores que pode vir em formato de texto, foto, vídeo ou infográfico.

Default. Modo de exibição padrão.

Demo. Programa usado apenas para demonstração. Geralmente, não contém todas as funções do programa completo.

Discos virtuais. Sites que prestam serviço de armazenamento remoto de arquivos.

Download. Fazer um *download* significa copiar (ou baixar) arquivos da web para um computador.

Drive. Unidade lógica de armazenamento de dados.

Facebook. Rede social fundada em fevereiro de 2004 pelo universitário Mark Zuckerberg. O site atingiu 400 milhões de usuários no começo de 2010, tornando-se a maior rede social do mundo.

FAQ *(Frequently Asked Questions).* Respostas às perguntas mais frequentes.

Feedback. Formulário ou e-mail preenchidos pelo cliente e enviados para a empresa dando uma opinião sobre o produto.

Flash. Software criado pela Macromedia para criação de animações e recursos de interatividade em formato vetorial para a web. O resultado de um trabalho em Flash é conhecido como um *movie*.

Folder. Pasta ou diretório em que é possível armazenar arquivos.

FTP *(File Transfer Protocol).* Protocolo de rede utilizado para fazer *downloads* (copiar dados do servidor remoto para o cliente local) e *uploads* (do cliente local para o servidor remoto).

GIF *(Formato de Intercâmbio Gráfico).* Um formato de arquivo gráfico desenvolvido pela CompuServe especificamente para utilização on-line, compactando bastante os elementos gráficos.

Heavy-users. Como são chamados os usuários mais assíduos ou frequentes de determinado site ou programa.

Hipermídia. Todos os métodos de transmissão de informações baseadas em computadores, incluindo texto, imagens, vídeo, animação e som.

Home page. Primeira página que aparece em um site ou página inicial de um *browser*.

HTML *(Hypertext Markup Language).* Método de codificação utilizado para criar arquivos padronizados, de forma que sejam traduzidos igualmente por qualquer tipo de computador. É o formato básico utilizado na criação de páginas para web.

HTTP *(Hypertext Transfer Protocol)*. Protocolo de comunicação baseado no TCP/IP, desenvolvido para ser utilizado na WWW, o HTTP define como os clientes e servidores se comunicarão com a web.

Hub. Hardware usado para conexão de computadores numa rede.

Hyperlink. Elemento básico de hipertexto, um *hyperlink* oferece um método de passar de um ponto do documento para outro ponto no mesmo documento ou em outro documento.

Instant Messenger, ICQ *e* MSN. Aplicativos utilizados para bate-papo e trocas de arquivo e de mensagens instantâneas.

Java. Linguagem e ambiente de programação orientados a objeto da Sun Microsystems. Uma aplicação Java é compilada em um objeto binário que pode ser interpretado em qualquer computador, tornando o código independente de arquitetura e sendo ideal para a internet.

JPEG *(Joint Photographic Experts Group)*. Algoritmo utilizado para compressão de imagens estáticas. Ideal para fotografias na internet, pois o tamanho do arquivo diminui bastante sem perdas perceptíveis de qualidade.

Kbyte. Um Kbyte contém 1024 bytes. Um byte é composto por 8 bits. Um bit ou dígito binário é a menor unidade de dado de um computador.

Link. O mesmo que *hyperlink.*

Merchandising. Prover o produto certo à pessoa certa na hora certa.

MP3 (MPEG-1, Layer 3). Um formato de compressão de arquivos de áudio muito popular por ter boa qualidade e tamanho pequeno, sendo facilmente transmitido pela internet.

Ning. Plataforma on-line que permite a criação de redes sociais individualizadas. Ning foi fundado em outubro de 2005 por Marc Andreessen (criador do *browser* Netscape) e Gina Bianchini. A palavra "ning" significa "paz" em chinês.

Off-line. É usado para dizer que o usuário não está conectado à internet. Propaganda impressa é uma publicidade off-line, por exemplo.

On-line. Quer dizer "estar em linha", ou estar ligado à rede ou a um outro computador.

Page views. É o número de acessos a uma determinada página da internet. É usado, geralmente, para medir a popularidade de um site.

Perl. Linguagem de programação interpretada e desenvolvida por Larry Wall. Oferece excelentes recursos de tratamento de *strings* (combinações de padrões) e é a linguagem preferida entre os programadores CGI por sua simplicidade.

Personalização (Personalization). Análise de dados de clientes na tentativa de direcionar adequadamente anúncios e propagandas para o seu perfil de consumidor.

Print screen. Impressão de uma tela.

Redes sociais. É uma das formas de representação dos relacionamentos afetivos ou profissionais dos seres entre si ou entre seus agrupamentos de interesses mútuos.

Relatório de tráfego ou audiência. Relatório sobre o número de visitas a um site na web ou a documentos específicos.

Search engines (sites de busca). Websites usados para buscar outras páginas da internet por meio de palavras-chave.

Stick application. Aplicativos que, para prestar serviços ao usuário, obrigam-no a entrar num determinado site, com o intuito de aumentar o número de acessos.

Subir um texto. Parodiando a gíria usada na mídia impressa que diz "desce" para um texto que já pode ir para a gráfica. No jornalismo on-line convencionou-se dizer "sobe" para uma página que está pronta para ir ao ar.

Superhighway. Como foram chamados os *backbones* da NSFNET. Esse nome foi dado porque essas redes são as principais vias de tráfego de dados.

Tag. Palavra-chave (relevante) ou termo associado com uma informação.

Template programming system. Ferramentas com modelos prontos de páginas da internet para acelerar, facilitar e reduzir o custo do desenvolvimento de páginas.

Twitter. Ferramenta para "microblogagem" baseada em estrutura assimétrica de contatos, no compartilhamento de links e na possibilidade de busca em tempo real.

Unique visitors. Quantidade de visitantes de um site que possuem diferentes IPs. Cada computador, ao acessar a internet, deve possuir um IP próprio, que o identifica unicamente na rede. É o RG do computador.

URL *(Uniform Resource Location).* Localização de um recurso. É o endereço usado para localização de um arquivo na internet. Por exemplo, http://www.bradesco.com.br.

Versão beta. Versão ainda não finalizada de um programa. É usada para testes antes de ser lançada a versão final (de um programa ou site, por exemplo).

Wap (Wireless Application Protocol). Protocolo de rede utilizado para comunicação em dispositivos sem fio, como celulares.

Wi-Fi. É uma marca registrada da Wi-Fi Alliance, que é utilizada por produtos certificados que pertencem à classe de dispositivos de rede local sem fios (WLAN). Por causa do relacionamento íntimo com seu padrão de mesmo nome, o termo Wi-Fi é usado frequentemente como um sinônimo para espaço com internet livre.

World Wide Web (www). Significa, em inglês, teia de abrangência mundial. Também chamada apenas de web.

YouTube. Site de compartilhamento e postagem de vídeos inaugurado em 2005. O site aceita que qualquer usuário publique seus vídeos e os compartilhe em toda a rede.

DA ARPANET AO TWITTER
(Datas que marcaram a história da internet)

1969

A internet foi concebida em 1969, quando o Advanced Research Projects Agency (Arpa – Agência de Pesquisa e Projetos Avançados), uma organização do Departamento de Defesa norte-americano, criou a Arpanet, rede nacional de computadores.

199

O Mosaic ainda era a interface essen cial para o ambiente gráfico. Criado po Marc Andreessen, foi o primeiro *browse* pré-Netscape.

Surgem as primeiras operadoras d telefonia celular. Os aparelhos sã grandes, caros, pesados, têm bateri de pouca duração e não funcionam e boa parte das localidades.

1989

Tim Berners-Lee escreveu o Enquire, um programa que organizava informações, inclusive as que continham links. Em seguida, propôs a World Wide Web (www), a internet gráfica que conhecemos hoje.

1994

David Filo e Jerry Yang, ambos vindos do curso de engenharia elétrica da Universidade de Stanford, na Califórnia (EUA), criam o site de busca Yahoo!

1995

O jornal norte-americano *The Wall Street Journal* lança o *Personal Journal*, veículo entendido pela mídia como sendo o "primeiro jornal com tiragem de um exemplar".

O *Jornal do Brasil* inaugura o primeiro jornal eletrônico do país, o *JB On-line*.

1997

Começa a ser usado o termo PORTAL que vem do espanhol e significa porta de entrada.

1996

O Grupo Folha lança o Universo Online e a Nutec o ZAZ. Os usuários de internet no Brasil não passam de 100 mil.

1998

O desconhecido site "The Drudge Report" publica na internet o relatório sobre o caso Bill Clinton e Monica Lewisnky, conseguindo atrair mais de 100 milhões de *page views* num único mês. No dia 21 de janeiro, o *Washington Post* publica sua primeira história sobre o *affair* Lewinsky.

1998

No dia 22 de maio entra no ar o site *Época On-line* e o jornalismo digital começa a presenciar os primeiros casos de *crossmedia* nacionais, onde a perfeita integração da mídia impressa e on-line produz a capa "Leia e Ouça", sobre o grampo do BNDES.

A Receita Federal começa a receber declarações de Imposto de Renda pela internet.

2

O ataque ao WTC, em Nova York, fez c que a internet assumisse o efetivo pa de mídia de massa e informasse lhões de usuários em todo o mund

Apple aposta todas as fichas no tocador de músicas portátil e lanç primeira versão do iPod.

2000

"Nós não vamos pagar nada, é tudo free", diz o *slogan* de lançamento do portal iG em março.

2001

Google lança seção de últimas notícias, agregando conteúdo de mais de 100 jornais on-line. Nascia o Google News.

Google news

2002

Os blogs, depois de ganharem adeptos em todo o mundo, começam a ditar um novo estilo de escrita e expressão linguística. De renomados jornalistas norte-americanos a blogs cheios de humor, todos convivem lado a lado na web.

John Battelle, cofundador da revista *Wired*, torna-se tutor da disciplina de blogs, recém-criada na faculdade de Jornalismo da Universidade de Berkeley, na Califórnia (EUA).

2003

Google compra empresa criadora do Blogger e celebra cinco anos de vida.

2004

Em fevereiro nasce o Facebook, rede social idealizada por um universitário de Harvard, Mark Zuckerberg, a princípio para manter contatos e trocar fotos com amigos próximos.

No Dia da Mentira (1º de abril), o Google estreia o Gmail oferecendo gratuidade e caixa postal ilimitada. O cenário de serviços de e-mail nunca mais seria o mesmo.

2005

Na garagem de dois amigos, Chad Hurley e Steve Chen, de 29 e 27 anos, nasce o YouTube, website para compartilhamento de vídeos com amigos.

2007

Apple lança seu *smartphone*, o iPhone, mudando o cenário de conteúdo móvel.

2006

Time Magazine digitaliza capas dos últimos 80 anos e as disponibiliza on-line. Jornais e revistas investem em acervos digitais.

O jornal norte-americano *The New York Times* anuncia a integração das redações impressa e on-line.

Em março nasce o Twitter, mistura de rede social, serviço de mensagens instantâneas semelhante ao MSN e ferramenta de *microblogging*, com postagens de até 140 caracteres.

O presidente Lula assina o decreto de TV digital. Sistema brasileiro escolhido é baseado no padrão de sinais japonês.

Em novembro, Google paga US$1,65 bilhão pelo YouTube. Após aquisição, o YouTube faz parcerias com provedores de conteúdo como CBS, BBC, Universal Music Group, Sony Music Group e Warner Music Group.

2008

Serviço iPlayer, da BBC, ganha versão para iPhone e iPod.

O site Jornalistas da web (JW) lança o livro *Eu, Mídia*, uma coletânea de artigos sobre jornalismo cidadão escritos por renomados jornalistas da web brasileira.

O Pulitzer, tradicional premiação norte-americana de jornalismo, anuncia que vai passar a reconhecer também veículos apenas on-line.

A eleição de Barack Obama ao governo dos EUA tirou proveito dos recursos de colaboração, "viralização" de mensagens e formação de comunidades da chamada web 2.0, para arrecadar US$750 milhões e se transformar no modelo de campanha política do século atual.

2009

No dia 25 de junho morre Michael Jackson, considerado a maior estrela da música pop. Com 40 anos de carreira e mais de 750 milhões de discos vendidos, o astro teve sua morte anunciada pelo site norte-americano de celebridades TMZ. As redes sociais disseminaram rapidamente a informação. As buscas do Google ficaram 30 minutos fora do ar e o Twitter caiu devido ao alto tráfego de internautas com a interrogação "Michael Jackson morreu?".

Rede Record estreia o R7, portal de notícias com proposta semelhante ao G1, da Globo.

DePaul University, em Chicago (EUA), insere Twitter na grade de curso de Jornalismo.

2010

Doações via SMS para ajudar vítimas do terremoto no Haiti alcançam US$7 milhões nos Estados Unidos e no Canadá.

Twitter registra mais de 50 milhões de *tweets* diários. No ano de 2007, o site de *microblogging* contabilizava cinco mil postagens por dia.

BIBLIOGRAFIA

BAUDRILLARD, Jean. *O sistema de objetos*. São Paulo: Perspectiva, 1968. O pensador francês não gosta de ser rotulado de sociólogo ou filósofo, preferindo ser chamado de "*freelancer* do pensamento". Em 1967, com a tese "O sistema de objetos", começa a explorar a alienação da sociedade pela compulsão ao consumo e pela comunicação globalizada. Foi o primeiro pensador a dizer que as guerras, depois do Golfo, em 1991, passariam a ser virtuais, comandadas pela mídia.

BOLLE, Willi. *Fisiognomia da metrópole moderna*: representação da História em Walter Benjamin. São Paulo: Edusp, 1992. O livro, uma síntese dos estudos de Willi Bolle sobre Walter Benjamin, é uma leitura da modernidade pelo prisma da obra desse pensador. A "fisionomia" da metrópole moderna resulta da superposição dos retratos benjaminianos de cidades (Berlim, Paris, Moscou) com o lugar de sua recepção e "revelação".

BORGES, Jorge Luis. *Elogio da sombra*. São Paulo: Globo, 1970. Um dos grandes nomes da literatura mundial, Borges inspirou-se mais uma vez no destino e suas simetrias, o labirinto e o "nunca haverá uma porta", o espanto e os emblemas, para analisar, em prosa e verso, nossos seres imaginários.

CALVINO, Italo. *As cidades invisíveis*. São Paulo: Companhia das Letras, 1991. Autor de muitos romances, Calvino participou da resistência ao fascismo durante a guerra e foi membro do Partido Comunista até 1956. Publicou outros clássicos da literatura italiana como *O castelo dos destinos cruzados*, *O barão nas árvores*, *O cavaleiro inexistente*, *Fábulas italianas* e a obra póstuma *Seis propostas para o próximo milênio*.

CASTELLS, Manuel. *A sociedade em rede*. São Paulo: Paz e Terra, 1999. O livro faz parte da trilogia "A era da informação", em que Castells apresenta uma sociedade em rede, movida por um conjunto de tecnologias da informação que agem diretamente sobre a própria informação – que ocupa o papel central da vida moderna.

DIZARD Jr., Wilson. *A nova mídia*. Rio de Janeiro: Jorge Zahar, 1997. Membro do Center for Strategic and International Studies, de Washington, e professor de Comércio Internacional da Georgetown University, o autor se debruça sobre o desenvolvimento dos meios de comunicação de massa na era da informação e tenta prever o futuro da mídia.

DOWBOR, Ladislau; IANNI, Octavio; RESENDE, Paulo Edgar A. e SILVA, Hélio. *Desafios da comunicação*. São Paulo: Vozes, 2000. "A comunicação estabelece ou reflete valores da sociedade?". Recheado de indagações desse tipo, o livro, organizado por quatro renomados estudiosos da comunicação, questiona o leitor sobre, por exemplo, a aceitação passiva da cultura de massa.

EAGLETON, Terry. *As ilusões do pós-modernismo*. Rio de Janeiro: Jorge Zahar, 1998. Concentrando-se mais na cultura do que nas formulações rebuscadas da filosofia do pós-modernismo, Terry Eagleton elabora nesse livro uma refinada crítica política e teórica da contemporaneidade.

GARCÍA, Mario R.; STARK, Pegie. *Eyes on the News*. Nova York: Poynter Institute for Media Studies, 1991. O livro é resultado de uma consolidada pesquisa do Poynter Institute for Media Studies, intitulada Eyetrack1: What News Websites Look Like Through Readers' Eyes, sendo ideal para qualquer um que trabalha com arquitetura da informação e artes gráficas.

KUCINSKI, Bernardo. *Jornalismo na era virtual* – ensaios sobre o colapso da razão ética. São Paulo: Editora Fundação Perseu Abramo/Editora da Unesp, 2005.

LAGE, Nilson. *Estrutura da notícia*. São Paulo: Ática, 1999 (5ª edição). O livro ocupa o vazio de textos destinados ao ensino básico de redação em jornalismo, situando a notícia jornalística em seu contexto histórico. Lage é jornalista e professor de Jornalismo da Universidade Federal de Santa Catarina.

LEÃO, Lúcia. *O labirinto da hipermídia*. São Paulo: Iluminuras, 1999. A pesquisadora da PUC-SP teceu um livro apaixonante, pois conseguiu unir os mitos, as novas tecnologias, a psicologia cognitiva, a hipermídia e todos os paradoxos dos diferentes campos do saber num livro que coloca a discussão da hipermídia no panorama da cultura, da história da civilização e da evolução do pensamento.

LÉVY, Pierre. *As tecnologias da inteligência*: o futuro do pensamento na era da informática. São Paulo: Editora 34, 1993. Com uma abordagem filosófica, Lévy descreve os hipertextos, analisando as relações entre tecnologias intelectuais e formas culturais à luz das ciências cognitivas.

LÉVY, Pierre. *O que é virtual?*. São Paulo: Editora 34, 1998. A arte da virtualização, ou uma nova sensibilidade estética, são termos que o autor utiliza para tratar da virtualização sob os aspectos filosófico e antropológico.

LÉVY, Pierre. *Cibercultura*. São Paulo: Editora 34, 1999. Professor da Universidade de Paris, o filósofo Lévy faz uma aprofundada radiografia do software, realidade virtual, interatividade, correio eletrônico, ciberespaço e fenômenos culturais para chegar à definição de cibercultura.

MORAES, Dênis de. *O planeta mídia, tendências da comunicação na era global*. Rio de Janeiro: Letra Livre, 1998. Doutor em Comunicação e Cultura pela Universidade Federal do Rio de Janeiro, Moraes consegue fornecer um panorama da situação criada nesse mercado pelo fenômeno da globalização.

NEGROPONTE, Nicholas. *A vida digital*. São Paulo: Cia das Letras, 1995. Um dos fundadores do Media Lab do Massachusetts Institute of Technology, Negroponte usa o livro para fazer uma radiografia do mundo multimídia, mostrando que a integração entre as técnicas e as artes será fundamental para se entender o futuro. Apesar de datado, *A vida digital* ainda é o melhor registro do início da sociedade globalizada.

NIELSEN, Jakob. *Designing Web Usability*. Los Angeles: New Riders, 1999. Com nove livros publicados e 49 patentes, o norte-americano, Jakob Nielsen é uma das maiores autoridades em desenho de interfaces e usabilidade na internet ao redor do mundo.

PÓVOA, Marcello. *Anatomia da internet* – investigações estratégicas sobre o universo digital. Rio de Janeiro: Casa da Palavra, 2000. Ex-diretor de criação do Globo.com, Póvoa trabalha há mais de dez anos com conceito e estratégia de produtos on-line. Foi diretor da Nicholson NY, eleita como uma das três melhores agências de mídia interativa do mundo, tendo atendido clientes como Sony, IBM, Motorola e The Metropolitan Museum.

TOFFLER, Alvin. *Future Shock*. New York: MassMarket Paperback, 1991. Um livro confuso, mas repleto de informações sobre a virtualização contemporânea da sociedade.

VIRILIO, Paul. *O espaço crítico*. São Paulo: Editora 34, 1993. Um dos maiores e mais influentes críticos da era digital, Virilio influenciou até os roteiristas do filme *Matrix*, fisgados pelo aspecto sombrio de sua obra e sua visão pessimista da sociedade da informação. Portanto, analisar um livro de Virilio não é tarefa muito fácil, mas promove grandes questionamentos no leitor.